A doutrina cristã

Dados Internacionais de Catalogação na Publicação (CIP)
(Câmara Brasileira do Livro, SP, Brasil)

Santo Agostinho
  A doutrina cristã / Santo Agostinho ; tradução de Frey Ary E. Pintarelli. – Petrópolis, RJ : Vozes, 2023. – (Coleção Vozes de Bolso)

  Título original: De doctrina christiana.
  ISBN 978-85-326-6561-4

  1. Cristianismo – Filosofia 2. Doutrina cristã I. Título. II. Série.

  23-163452   CDD-230

Índices para catálogo sistemático:
1. Doutrina cristã : Cristianismo 230

Tábata Alves da Silva – Bibliotecária – CRB-8/9253

Santo Agostinho

A doutrina cristã

Tradução de Frei Ary E. Pintarelli

Vozes de Bolso

Tradução do original em latim intitulado *De doctrina Christiana*

© desta tradução:
2023, Editora Vozes Ltda.
Rua Frei Luís, 100
25689-900 Petrópolis, RJ
www.vozes.com.br
Brasil

Todos os direitos reservados. Nenhuma parte desta obra poderá
ser reproduzida ou transmitida por qualquer forma e/ou
quaisquer meios (eletrônico ou mecânico, incluindo fotocópia e
gravação) ou arquivada em qualquer sistema ou banco de dados
sem permissão escrita da editora.

CONSELHO EDITORIAL

Diretor
Volney J. Berkenbrock

Editores
Aline dos Santos Carneiro
Edrian Josué Pasini
Marilac Loraine Oleniki
Welder Lancieri Marchini

Conselheiros
Elói Dionísio Piva
Francisco Morás
Gilberto Gonçalves Garcia
Ludovico Garmus
Teobaldo Heidemann

Secretário executivo
Leonardo A.R.T. dos Santos

Diagramação: Raquel Nascimento
Revisão gráfica: Lorena Delduca Herédias
Capa: Ygor Moretti

ISBN 978-85-326-6561-4

Este livro foi composto e impresso pela Editora Vozes Ltda.

Sumário

Prólogo, 7

Aborda o propósito e os destinatários da obra, bem como as possíveis críticas. Destaca a importância da aprendizagem e do ensino para compreender as Escrituras.

Livro I, 15

Explora as coisas a serem buscadas na interpretação das Escrituras (*res*) e os meios verbais pelos quais as Escrituras apontam para essas coisas (*signa*).

Livro II, 53

Discute os diferentes tipos de sinais presentes na Escritura e a importância de compreender os sinais verbais usados nos Livros Sagrados, incluindo o uso correto da interpretação literal e a atenção ao contexto histórico.

Livro III, 119

Aborda os *signa* ambíguos na Escritura, que podem gerar múltiplas interpretações, e apresenta critérios para a interpretação adequada, incluindo o princípio da dupla caridade como guia para a interpretação alegórica.

Livro IV, 175

Discute o uso da retórica na pregação cristã, enfatizando a importância da sabedoria e do estilo claro. Examina os estilos de ensino, deleitamento e persuasão na eloquência cristã, destacando exemplos de Paulo, Ambrósio e Cipriano.

Prólogo

Intenção ao escrever esta obra.

1. Existem algumas normas para tratar das Escrituras que, na minha opinião, podem ser apresentadas com proveito aos seus estudiosos, para tirar proveito não só lendo obras de outros, que esclareceram pontos obscuros das divinas Letras, mas também eles próprios possam ser úteis aos outros com seus esclarecimentos. Assim, decidi apresentar estas normas aos que desejam e tenham condições de aprendê-las, se o Senhor e nosso Deus, que costuma inspirar-me quando penso sobre isso, não me negar sua ajuda também quando escrevo. Porém, antes de iniciar, creio que devo responder aos que hão de me criticar essas coisas ou já me criticaram, se antes não os acalmarmos. Mas se, mesmo depois disso, alguns ainda me criticarem, ao menos não conseguirão perturbar os outros, nem os afastar de um útil estudo por uma preguiça ignorante; o que poderiam conseguir, a não ser que encontrem pessoas premunidas e preparadas.

Enumera os contestadores.

2. Ora, alguns hão de criticar este nosso trabalho por não compreenderem as coisas que estamos por ensinar. Outros, porém, querendo servir-se daquilo que compreenderam e porque, procurando interpretar as Escrituras divinas segundo estas normas, não conseguem esclarecer e expor o que desejam, creem que eu tenha trabalhado inutilmente; e porque, não sendo ajudados por esta obra, julgarão que ela não pode ajudar a ninguém. Existe ainda um terceiro grupo de contestadores e são aqueles que realmente conseguem expor bem as divinas Escrituras, ou assim pensam eles próprios. Estes, porque não leram nenhuma das normas que me proponho descrever, estão certos – assim pensam – que sabem expor os santos Livros e, por isso, afirmam que ninguém tem necessidade dessas normas; antes, para todos os pontos obscuros daqueles livros que louvavelmente nos esforçamos por esclarecer, gritarão que isso pode acontecer com uma ajuda divina.

Responde aos contestadores.

3. Respondendo, brevemente, a todos eles, aos que não entendem aquilo que escrevemos, digo isso: Não posso ser repreendido, porque não entendem essas coisas. Seria como se quisessem ver a última ou a primeira fase da lua ou alguma estrela pouco luminosa que eu lhes quisesse mostrar com o dedo, mas eles não têm visão suficiente nem para ver o meu dedo. Por isso, não é comigo que devem se irritar. Porém, aqueles que, mes-

mo conhecendo e compreendendo essas normas, não conseguem compreender as partes obscuras das divinas Escrituras, considerem se podem ver o meu dedo, mas não conseguem ver os astros para os quais eu o tenho apontado. Portanto, tanto aqueles como estes deixem de me repreender e peçam a Deus que lhes dê a luz dos olhos. Pois, afinal, se eu posso mover um dos meus membros para mostrar alguma coisa, não me é dado o poder de iluminar os olhos para que entendam a minha explicação e aquilo que pretendo demonstrar.

4. Depois, existem aqueles que por dom divino se alegram e se gloriam de compreender e interpretar os Livros santos sem as tais normas que agora me proponho apresentar e, por isso, pensam que eu esteja a escrever coisas supérfluas. Mas sua presunção deve ser suavizada, para que, embora seja justo que se alegrem por tão grande dom de Deus, recordem-se, porém, que foi com a ajuda de homens que aprenderam as letras e, portanto, não deveriam sentir-se ofendidos quando se diz que o monge egípcio Antão, um homem santo e perfeito, sem nenhuma ciência, somente por ouvir as divinas Escrituras guardava-as na memória e as compreendia por uma reflexão prudente e sábia. Ou recordem-se daquele escravo bárbaro Cristiano, do qual recentemente ouvimos falar por homens muito sérios e dignos de fé, que teria aprendido a ler sem que homem algum lhe ensinasse, mas só com a oração obteve que lhe fosse revelado o pleno conhecimento e em três dias de oração pediu que lhe entregassem o códice

e, para o espanto de todos os que estavam presentes, leu-o corretamente.

5. Mas se alguém julgar que essas coisas são falsas, não vou me opor tenazmente. Pois o problema é com os cristãos que têm a satisfação de conhecer as santas Escrituras sem a ajuda de outro homem e, portanto, se é assim, possuem um verdadeiro e não pequeno bem. Todavia, devem admitir que cada um de nós aprendeu a própria língua na sua infância à força de ouvi-la, e depois, para qualquer outra língua, como por exemplo o grego, o hebraico ou outra língua, igualmente a aprendemos ouvindo-a ou por intermédio de um professor. Além disso, se fosse realmente assim, admoestemos os nossos irmãos a não ensinar essas coisas a seus filhos, já que, com a vinda do Espírito Santo, cheios do mesmo Espírito, num instante os apóstolos falaram as línguas de todos os povos (cf. At 2,1-4); ou aqueles aos quais tal não acontecer, digamos-lhes que não se considerem cristãos ou que duvidem de ter recebido o Espírito Santo. E na verdade, sem soberba, cada um aprenda o que deve aprender de outro homem, e aquele que ensina, sem soberba e sem inveja, comunique ao outro aquilo que ele próprio recebeu. E não tentemos aquele no qual acreditamos, para não acontecer que, enganados pela astúcia e pela perversidade do inimigo, não queiramos ir às igrejas para ouvir e aprender o Evangelho ou para escutar aquele que lê ou prega o texto e esperemos *ser arrebatados ao terceiro céu no corpo ou fora do corpo*, como diz o apóstolo, e ali ouvir as

inefáveis palavras que a um homem não é lícito proferir (2Cor 12,2-4), e talvez ver o Senhor Jesus Cristo e ouvir o Evangelho dele próprio em vez de ser pelos homens.

Apresentam-se exemplos que comprovam a utilidade da obra.

6. Evitemos tais orgulhosíssimas e periculosíssimas tentações e pensemos mais no próprio Apóstolo Paulo que, embora prostrado e instruído por uma divina e celestial voz, foi enviado a um homem para receber os sacramentos e ser inserido na Igreja (cf. At 9,3-7); e no centurião Cornélio, a quem um anjo anunciou que suas orações foram ouvidas e suas esmolas eram agradáveis a Deus; todavia, foi entregue a Pedro para ser catequisado, do qual recebeu não só os sacramentos, mas também ouviu o que devia crer, esperar e amar (cf. At 10,1-48). E, na verdade, todas essas coisas poderia fazê-las o próprio anjo, mas a dignidade do homem teria sido diminuída se parecesse que Deus não queria que sua palavra fosse ministrada aos homens por outros homens. Com efeito, como seriam verdadeiras as palavras: *É santo o templo de Deus, que sois vós* (1Cor 3,17), se Deus não proferisse seus oráculos pelo templo humano, mas tivesse feito ecoar do céu, por meio de anjos, tudo aquilo que quisesse revelar aos homens para sua instrução? E finalmente, a caridade, que une os homens entre si pelo vínculo da unidade, não teria meio de conseguir a fusão e quase misturar os espíritos se os

homens não tivessem nada a aprender de seus semelhantes.

7. E, certamente, recordamos aquele eunuco que, lendo o profeta Isaías, mas não o compreendia, o apóstolo não o enviou a um anjo, e aquilo que não compreendia não lhe foi explicado por um anjo, nem lhe foi revelado na mente pelo próprio Deus sem o ministério do homem. Antes, por inspiração divina, foi enviado e sentou-se com ele Felipe, que conhecia o Profeta Isaías, e com palavras e linguagem humana abriu-lhe o que estava escondido naquela passagem da Escritura (cf. At 8,26-35). E Deus não falava com Moisés? No entanto, como homem sumamente prudente e nada soberbo, aceitou de seu sogro, que afinal era um estrangeiro, o conselho de reger e governar o seu povo que se tornara muito numeroso (cf. Ex 18,14-26). De fato, aquele homem sabia que de qualquer pessoa que viesse um verdadeiro conselho, este não devia ser atribuído àquela pessoa, mas àquele que é a verdade, isto é, a Deus imutável.

8. Por fim, a quem, por dom divino e sem ser instruído por normas humanas, gloria-se de compreender todas as partes obscuras da Escritura, na verdade crê bem e é certo que tal faculdade não é sua, como se viesse de si mesmo, mas é concedida por Deus; assim, pois, busca a glória de Deus e não a sua. Porém, quando lê e compreende sem que homem algum lhe explique, por que ele próprio procura explicar aos outros e não deixa isso à ação de Deus, para que também eles não aprendam através do homem, mas por

Deus que os ilumina interiormente? Talvez, tema ouvir o Senhor que lhes diz: *Servo mau, devias dar meu dinheiro aos banqueiros* (Mt 25,26-27). Portanto, assim como estes, falando ou escrevendo, comunicam aos outros as coisas que compreendem, da mesma forma, também eu não devo ser criticado se revelar não só as coisas que devem ser compreendidas, mas também aquelas que, uma vez compreendidas, devem ser praticadas. E isso, embora ninguém deva considerar coisa alguma como propriedade sua, a não ser, talvez, a mentira. Pois afinal, qualquer coisa verdadeira vem daquele que disse: *Eu sou a verdade* (Jo 14,6). Com efeito, o que temos que não tenhamos recebido? E se o recebemos, por que gloriar-se como se não o tivéssemos recebido (cf. 1Cor 4,7)?

9. Na verdade, quem lê as letras aos ouvintes expressa as coisas que sabe; mas quem ensina as próprias letras faz isso para que também os outros aprendam a ler; de qualquer forma, ambos comunicam o que receberam. Assim também quem expõe aos outros o que entende nas Escrituras exerce a função de leitor que ensina as letras que conhece. Porém, quem ensina como devem ser compreendidas é semelhante àquele que ensina as letras, isto é, que ensina como se deve ler, para que, quando encontrar um códice, aquele que aprendeu a ler não necessite de outro leitor pelo qual ouça o que ali está escrito; assim, este que receber as normas que tencionamos apresentar, quando encontrar alguma obscuridade nos livros, possuindo algumas normas como letras, não

necessita de outro leitor por meio do qual lhe seja revelado o que está oculto, mas tendo encontrado alguns caminhos, ele próprio saberá chegar, sem erro, a descobrir o sentido oculto, ou, certamente, não cairá no absurdo de uma interpretação errada. Por isso, embora na própria obra apareça claramente que ninguém pode contradizer, com fundamento, este nosso trabalho, todavia, se por este prólogo parecer que respondemos adequadamente a todos os opositores, queremos iniciar o caminho pelo qual nos propusemos a entrar neste livro.

Livro I

O tratado da Escritura apoia-se na busca e na enunciação, já que deve ser recebido com a ajuda divina

1.1. Todo o tratado das Escrituras necessita de duas coisas: a maneira de descobrir o que se deve compreender e a maneira de expor o que se compreendeu. Primeiramente, trataremos da maneira de descobrir e, depois, da maneira de expor. Tarefa grande e árdua! E se é difícil levá-la adiante, temo que seja temerário empreendê-la. E assim, realmente, seria, se confiássemos somente em nós mesmos. Mas, sendo que a esperança de realizar esta obra está naquele de quem na meditação já temos recebido muitas ideias sobre esse assunto, não devemos temer que ele deixe de dar as outras quando começarmos a partilhar aquelas que nos foram dadas. Com efeito, toda a coisa que ao dá-la não se esgota, quando se possui e não se dá, ainda não se possui como dever-se-ia possuí-la. Pois ele diz: *Ao que tem lhe será dado* (Mt 13,12). Portanto, dará aos que têm, isto é, aos que usam com benignidade as coisas que receberam, ele completará e multiplicará o que deu. Antes de começarem a ser distribuídos aos que estavam com fome, aqueles pães eram uma vez cinco e outra vez sete; mas quando se começou a distribuí-los, encheram-se cestos e sacolas depois de se terem saciado milhares de homens (cf. Mt 14,17-21; 15,34-38). Portanto, assim como aquele pão se multiplicou quando foi repartido, da mesma forma aquilo que o Senhor já nos concedeu para iniciar essa obra, por inspiração divina multiplicar-se-á assim que começarmos a partilhá-lo, para que, neste nosso ministério, não só não soframos nenhuma necessidade, mas nos alegremos com uma admirável abundância.

O que são coisas e o que são sinais

2.2. Toda a doutrina tem como objeto ou as coisas ou os sinais; mas as coisas são aprendidas por meio dos sinais. Propriamente, porém, agora dei o nome de coisa a tudo aquilo que não é usado para significar algum outro objeto, como quando se diz madeira, pedra, animal ou coisa semelhante; mas não aquela madeira que, segundo lemos, Moisés lançou nas águas amargas para que perdessem seu amargor (cf. Ex 15,25), nem aquela pedra que Jacó pôs sob sua cabeça (cf. Gn 28,11), nem aquele animal que Abraão imolou em lugar do filho (cf. Gn 22,13). Pois estas são, realmente, coisas em si, mas constituem também sinais de outras coisas. Mas existem sinais que servem somente para significar algo, como são as palavras. Com efeito, ninguém usa as palavras a não ser para significar alguma coisa. Daí, compreende-se o que chamo de sinais, isto é, cada coisa que se usa para significar qualquer outra. Portanto, cada sinal é também alguma coisa, pois aquilo que não é uma coisa, simplesmente não é nada. Porém, nem toda a coisa é também um sinal. E assim, nesta distinção entre coisas e sinais, quando falamos das coisas, falamos de tal maneira que, mesmo se algumas delas podem ser usadas para significar outras coisas, não se impeça a distinção que consente falar primeiro das coisas e depois dos sinais. Mas tenhamos bem presente que agora nas coisas nos propomos considerar aquilo que são em si mesmas, não no fato que, além de si mesmas, significam qualquer outra coisa.

Classificação das coisas

3.3. Ora, quanto às coisas, algumas são para serem usufruídas, outras para serem utilizadas, outras ainda para serem usufruídas e utilizadas. As coisas que devem ser usufruídas deixam-nos felizes; por estas que devemos usar somos ajudados a tender à felicidade e como que nos apoiam para chegarmos e aderirmos àquelas que nos fazem felizes. Mas nós, que usufruímos e usamos aquelas coisas, encontramo-nos entre umas e outras e, se quisermos usufruir as coisas que somente devemos usar, será impedida a nossa caminhada e por vezes também se desvia e, consequentemente, impedidos precisamente pelo amor às coisas inferiores, somos retardados ou afastados da posse das coisas feitas para serem usufruídas ou possuídas.

O que é usufruir e utilizar

4.4. De fato, usufruir é aderir a alguma coisa por amor a ela mesma. Usar, porém, é referir aquilo que se usa para conseguir aquilo que se ama, suposto que se deva amá-lo. Pois um uso ilícito deve antes ser chamado de abuso ou uso abusivo. Portanto, se fôssemos peregrinos que não pudéssemos viver felizes a não ser na pátria, na verdade, miseráveis por tal peregrinação e desejosos de acabar com tal miséria, quereríamos voltar para a pátria. Assim, seria necessário tomar os veículos terrestres ou marítimos para conseguirmos tornar à pátria, que deveria ser usufruída. Mas, se as belezas da viagem e o próprio passeio dos veículos nos deleitassem, levados a usufruir das coisas que deveríamos apenas usar, quereríamos que o caminho não terminasse logo e enganados pela perversa suavidade ficaríamos alienados da pátria, cuja suavidade nos faria felizes. E assim, peregrinando para Deus nesta vida mortal (cf. 2Cor 5,6), se quisermos voltar para a pátria, onde possamos ser felizes, devemos usar deste mundo e não usufruirmos dele, para que, por meio das coisas criadas, contemplemos pelo intelecto as coisas invisíveis de Deus (cf. Rm 1,20), a fim de que pelas coisas corporais e temporais compreendamos as externas e espirituais.

Deus Trindade, que deve ser usufruído

5.5. Por isso, as coisas que devem ser usufruídas, o Pai, o Filho e o Espírito Santo, isto é, a Trindade, é a única e suprema realidade e comum a todos os que a usufruem; mas se é coisa e não causa de todas as coisas, embora também seja causa. Com efeito, não é fácil encontrar um nome que convenha a um ser tão sublime; mas, melhor do que os outros, é chamada de Trindade, um único Deus de quem, para quem e em quem existem todas as coisas (cf. Rm 11,36). Assim, o Pai, o Filho e o Espírito Santo, cada um deles, é Deus, e todos juntos são um só Deus, cada um deles é plena substância e todos juntos uma única substância. O Pai não é o Filho nem o Espírito Santo, o Filho não é o Pai nem o Espírito Santo, o Espírito Santo não é o Pai nem o Filho; mas o Pai é somente Pai, o Filho é somente Filho e o Espírito Santo é somente o Espírito Santo. Aos três convém a mesma eternidade, a mesma imutabilidade, a mesma majestade, o mesmo poder. No Pai está a unidade, no Filho a igualdade e no Espírito Santo a harmonia da unidade com a igualdade. E essas três coisas são uma só por causa do Pai, são todas iguais por causa do Filho e todas conexas por causa do Espírito Santo.

Como Deus é inefável

6.6. Dissemos alguma coisa ou expressamos algo digno de Deus? De fato, até sinto que não tive outra intenção senão falar dele; mas se falei, não é bem isso o que eu quis dizer. E isso, pelo que sei, porque Deus é inefável, enquanto aquilo que foi dito por mim, se fosse inefável, não teria sido dito. Segue-se, então, que Deus não pode ser chamado de inefável, porque quando também isso é dito, dele se diz alguma coisa. E ocorre, então, não sei que contradição de palavras, porque se por inefável entendemos aquilo do qual não se pode dizer nada, não é inefável um ser do qual pode-se ao menos afirmar que é inefável. Essa contradição de palavras é evitada antes pelo silêncio do que conciliada por palavras. E, todavia, Deus, do qual nada de digno pode ser dito, admitiu que a voz humana o louvasse e quis que nos alegrássemos por nossas palavras de louvor. Pois é por isso também que é chamado Deus. Com efeito, na verdade ele não é conhecido pela vibração dessas duas sílabas, mas todos os que conhecem a língua latina, quando o som dessas sílabas chega aos seus ouvidos, leva-os a pensar na natureza de um ser excelentíssimo e imortal.

Todos compreendem a Deus como o melhor

7.7. Ora, quando aquele único Deus é pensado entre todos os deuses, também por aqueles que imaginam, nomeiam e veneram outros deuses, quer no céu, quer na terra, é pensado de tal maneira que aquela mente não consegue pensar nada que seja melhor e mais sublime. Certamente, os homens são movidos em direção a diversos bens, em parte àqueles que pertencem ao sentido do corpo, em parte àqueles que se referem à inteligência do espírito. Ora, aqueles que se dedicam aos sentidos do corpo, julgam como Deus dos deuses ou o próprio céu ou aquilo que no céu veem como muito fulgurante, ou o próprio mundo. Ou, se tentam transpor os limites do mundo, imaginam algum ser luminoso e, com fantasias inundadas, supõem-no infinito ou com aquela forma que lhes parece melhor ou, se o antepuserem às outras coisas, pensam-no na figura do corpo humano. Mas se não creem que exista um único Deus, antes julgam que os deuses são muitos ou inumeráveis e todos da mesma ordem, interiormente os representam semelhantes à realidade corpórea que a cada um parecer a mais elevada. Mas aqueles que, mediante a inteligência, procuram ver o que é Deus, consideram-no superior a todos os seres visíveis e corporais, também inteligentes e espirituais, superior a todos os seres mutáveis. Todavia, todos porfiam pela excelência de Deus e não se encontra alguém que julgue existir algo superior a Deus. Por isso, todos estão de acordo que Deus é o ser que eles colocam acima de todas as outras coisas.

Sendo uma sabedoria imutável, Deus deve ser colocado acima de todos os seres

8.8. E porque todos aqueles que refletem sobre Deus consideram-no um ser vivo, só podem ter uma ideia não absurda e indigna de Deus aqueles que o pensam como a própria vida. E seja qual for a forma de corpo que lhes ocorrer, averiguam se essa vida vive ou não vive e antepõem aquela que vive àquela que não vive; e essa mesma forma viva do corpo, por maior que seja a luz com que brilhe, por mais que seja a grandeza pela qual sobressai, por maior que seja a beleza com que se adorna, compreendem que uma coisa é a própria forma corpórea, outra coisa é a vida que a faz vegetar e preferem, por sua dignidade incomparavelmente superior, a vida ao corpo que ela faz vegetar e anima. Depois, prosseguem examinando a vida em si mesma, e se a encontram somente em nível vegetativo, sem sensibilidade, como acontece com as árvores, prepõem-lhes a vida capaz de sentir, como é a dos animais. A seguir, a esta preferem uma vida intelectiva, como é a dos homens. Mas quando virem que esta é mutável, são obrigados a antepor-lhe alguma vida imutável, isto é, não uma vida que ora não sabe e ora sabe, mas antes uma vida que seja a própria Sabedoria. Com efeito, a mente sábia, isto é, de posse da sabedoria, antes de possuí-la não era sábia; a própria Sabedoria, porém, jamais foi ignorante, nem jamais poderá vir a sê-lo. Ora, se os homens não tivessem visto tal Sabedoria, jamais teriam podido preferir com absoluta segurança a vida imutavelmente sábia à vida sujeita a mudanças. Com efeito, veem que é imutável a própria norma da verdade, por força da qual proclamam que esta vida é a melhor; mas não a veem acima da sua natureza, pois eles próprios se sentem mutáveis.

A Sabedoria imutável deve ser preferida à mutável

9.9. Com efeito, não existe ninguém tão descaradamente insensato que diga: De onde sabes que uma vida imutavelmente sábia deve ser preferida a uma vida mutável? Realmente, aquilo que me perguntas, de onde sei, está à disposição de todos para ser observado em comum e imutavelmente. E quem não vê isso é um cego diante do sol, a quem nada serve o esplendor de uma luz tão intensa e imediata infusa sobre as pupilas de seus olhos. Mas quem vê e foge, tornou impotente o olhar de mente pelo costume das sombras carnais. Por isso, os homens de maus costumes estão como que afastados da própria pátria por ventos contrários, pois seguem coisas mais vis e inferiores do que aquilo que consideram melhor e mais útil.

Para ver a Deus, deve-se purificar o espírito

10.10. Por isso, já que por aquela verdade deve-se gozar aquilo que vive imutavelmente e nela o Deus Trindade, autor e criador do universo, que provê todas as coisas que criou, deve-se purificar o espírito para que possa fixar aquela luz e aderir àquilo que viu. Consideramos tal purificação como uma espécie de caminhada ou como uma navegação para a pátria. De fato, para aproximar-nos daquele que está presente em toda a parte, não nos movemos em lugares, mas com bons desejos e bons costumes (cf. Plotino, *Enn.* 1, 6, 8; 6, 7, 36).

A Sabedoria fez-se caminho para nós

11.11. Mas nós não poderíamos purificar-nos se a própria Sabedoria não se tivesse abaixado até a nossa tão grande fraqueza e nos tivesse dado um exemplo de vida, não de outra forma senão no homem, porque também nós somos homens. Mas, porque nós, quando nos aproximamos dela, agimos sabiamente, ela, quando veio a nós, foi considerada quase louca pelos homens soberbos. E porque nós, quando nos aproximamos dela, nos fortificamos, ela quando veio a nós, foi considerada quase enferma. *Mas o que é loucura de Deus é mais sábio do que os homens; e o que é fraqueza de Deus é mais forte do que os homens* (1Cor 1,25). Portanto, sendo que a Sabedoria é a pátria, também se fez caminho para nós a fim de chegarmos à pátria.

12.11. Estando [Cristo-sabedoria] presente em toda a parte ao olho interior puro e sadio, dignou-se aparecer aos olhos canais daqueles que têm o olho interior doente e impuro. *De fato, pela sabedoria de Deus, o mundo não foi capaz de reconhecer a Deus por meio da sabedoria, mas, pela loucura da pregação, Deus quis salvar os que creem* (1Cor 1,21).

A Sabedoria de Deus manifesta-se na loucura da pregação

12.12. Por isso, diz-se que [a Sabedoria] veio a nós não através dos espaços locais, mas aparecendo aos mortais na carne mortal. Portanto, veio para um lugar onde já estava, *pois ela estava no mundo, e o mundo foi feito por meio dela* (Jo 1,10). Mas porque pelo desejo de gozar a criatura em lugar do Criador, os homens, formados à imagem deste mundo e, com muita justiça, chamados com o nome de mundo (cf. Rm 12,2), não a reconheceram, por isso, diz o Evangelista: *E o mundo não a conheceu* (Jo 1,10). Por isso, na Sabedoria de Deus, o mundo não pôde conhecer a Deus pela Sabedoria. Portanto, por que veio se já estava aqui, senão porque aprouve a Deus salvar os que creem mediante a loucura da pregação?

E o Verbo se fez carne

13.12. E como veio, senão porque *o Verbo se fez carne e habitou entre nós* (Jo 1,14)? Assim como quando falamos, para que aquilo que trazemos no espírito penetre no espírito dos ouvintes pelos ouvidos carnais, o som que temos no coração torna-se palavra e se chama linguagem. Todavia, o nosso pensamento não se muda naquele som, mas permanecendo íntegro em si mesmo, assume a forma da voz pela qual penetra nos ouvidos, sem qualquer sinal de mudança. Assim o Verbo de Deus, sem mudança, fez-se carne para habitar entre nós.

A Sabedoria de Deus é admirável para curar o homem

14.13. Mas, assim como a cura é o caminho para a saúde, da mesma forma a cura divina atingiu os pecadores para curá-los e restabelecê-los. E assim como os médicos quando colocam curativos nas feridas não o fazem de modo desordenado, mas de maneira conveniente, de modo que a utilidade do curativo seja acompanhada também de uma certa beleza, da mesma forma a medicina da Sabedoria, tomando forma de homem, adaptou-se às nossas feridas, curando algumas com remédios contrários e outras com semelhantes. Ora, assim como aquele que medica as feridas do corpo, por vezes usa remédios contrários, como o frio com o calor, ou o húmido com o seco, ou ainda algo desse gênero; usa também algo semelhante, como um curativo redondo para uma ferida redonda, um curativo alongado para uma ferida alongada e o próprio enfaixamento não faz o mesmo para todos os membros, mas ajusta coisas semelhantes a coisas semelhantes; assim a Sabedoria de Deus, ao curar o homem, apresentou a si mesma para curá-lo, sendo ela própria ao mesmo tempo o médico e o remédio. Portanto, porque o homem caiu por causa da soberba, usou a humildade para curá-lo. Fomos enganados pela sabedoria da serpente, seremos libertados pela loucura de Deus. Porém, como ela que se chamava Sabedoria, mas era loucura para os que desprezavam a Deus, assim, esta que se chama loucura, é Sabedoria para os que vencem o diabo. Nós usamos mal a imortalidade para morrermos, Cristo usou bem a mortalidade para vivermos. Pelo espírito corrompido de uma mulher entrou a doença, pelo corpo íntegro de outra mulher veio a saúde. Ao mesmo sistema dos contrários pertence também que pelo exemplo de suas virtudes são curados os nossos vícios. Na verdade, remédios semelhantes são aplicados como ataduras para nossos membros e nossas feridas, porque, enganados por uma mulher, nasceu de uma mulher, homem libertou os homens, mortal libertou os mortais, pela morte libertou os mortos. Para quem quisesse considerar as coisas com maior cuidado e a necessidade não impelisse a levar adiante a obra iniciada, existem muitos outros remédios, quer pelos contrários, quer pelos semelhantes, e aparece a doutrina da medicina cristã.

A fé fortifica-se pela ressurreição e ascensão de Cristo, cresce pelo juízo

15.14. Sem dúvida, crer que o Senhor ressuscitou dos mortos e que subiu aos céus fortifica a nossa fé com uma grande esperança. Com efeito, aquele que possuía a vida de modo a poder reassumi-la, mostra-nos muito bem quão voluntariamente a deu por nós (cf. Jo 10,18). Portanto, de que confiança não se animará a esperança dos crentes, se considerarem quem suportou tantos sofrimentos por aqueles que ainda não acreditavam! Mas, porque se espera que venha do céu como juiz dos vivos e dos mortos, infunde grande temor nos negligentes, para que se convertam à diligência e mais o desejem agindo bem do que o temam comportando-se mal. Com que palavras pode descrever ou com que agudez de pensamento pode compreender o prêmio que ele dará no fim, quando, para consolação desta caminhada, nos der tanto por meio de seu Espírito, para que, nas adversidades desta vida tenhamos tanta confiança e amor por ele, que ainda não vemos e ainda outros dons próprios a cada um para a edificação da sua Igreja (cf. 1Cor 12,7), para que aquilo que Ele mostra que se deve fazer, não só o façamos sem murmurar, mas também com alegria!

A Igreja de Cristo: corpo e esposa

16.15. Com efeito, a Igreja é seu corpo, conforme ensina a doutrina apostólica (cf. Ef 1,23), e é também chamada sua esposa (cf. Ef 5,23-32). Portanto, este seu corpo, dotado de muitos membros que exercem diversas funções (cf. Rm 12,4), ele o abraça com o vínculo da unidade e da caridade como sinal de saúde. Neste tempo, exercita-o e o purifica com alguns sofrimentos medicinais, para que, subtraída deste mundo, a Igreja se una a si para sempre como esposa *sem mancha, nem ruga ou coisa semelhante* (Ef 5,27).

Perdoando os pecados, Cristo abre o caminho para a pátria

17.16. Na verdade, porque estamos a caminho, um caminho que não consiste de lugares, mas de afetos, e que estava obstruído por uma espécie de sebe espinhosa, isto é, pela malícia dos pecados passados, o que pôde fazer de mais generoso e misericordioso aquele que quis estender-se por terra por nós, de modo que pudéssemos voltar [para a pátria], a não ser perdoar os pecados aos que se convertessem e, crucificado por nós, remover a grave proibição que nos impedia o nosso regresso?

As chaves do Reino são entregues à Igreja

18.17. Por isso, deu estas chaves à sua Igreja, para que o que ela desligasse na terra, fosse desligado também no céu, e o que ela ligasse na terra, fosse ligado no céu (cf. Mt 16,19), isto é, quem não crer que na Igreja lhe são perdoados os pecados, não lhe serão perdoados, mas quem crer e, após se corrigir, se afastar deles, ocupará seu lugar no seio da Igreja e pela mesma fé e correção será curado. Mas quem não crer que os pecados lhe possam ser perdoados, com seu desespero torna-se pior, como se a ele não restasse nada melhor do que ser mau, já que não confia no fruto de sua conversão.

Morte e ressurreição do corpo e da alma

19.18. Assim como o abandono da vida e dos costumes anteriores, que se faz pela penitência, é uma espécie de morte do espírito, da mesma forma também a morte do corpo é a cessação da animação anterior. E como o espírito, depois da penitência, pela qual se destroem seus depravados costumes de antes, é reformado para melhor, assim também o corpo, depois dessa morte, à qual todos somos obrigados pelo vínculo do pecado, devemos crer e esperar que, no tempo da ressurreição, muda-se para melhor, para que a carne e o sangue não possuam o reino do céu, que não pode acontecer, mas o que é corruptível se vista de incorruptibilidade e o que é mortal se vista de imortalidade (cf. 1Cor 15,50-53), e não causará nenhum incômodo, porque não sofrerá nenhuma privação, pois será vivificado pela alma bem-aventurada e perfeita com uma suprema tranquilidade.

Os que não renascerem para a vida, mas para os suplícios

20.19. Mas aquele cuja alma não morre para este mundo e não começa a configurar-se com a Verdade será levado a uma morte mais grave do que a morte do corpo; nem reviverá para uma transformação de natureza celeste, mas para expiar as penas.

Novamente a ressurreição do corpo

21.19. Por isso, a fé tem como certo e deve-se crer que assim seja: nem a alma nem o corpo humano sofrerão a destruição total, mas os ímpios ressurgirão para suplícios inestimáveis, os bons, porém, para a vida eterna (cf. Mt 25,46).

Gozar a Deus, não o homem

22.20. Por isso, em todas essas coisas, somente devemos gozar aquelas que recordamos serem eternas e imutáveis; quanto às outras, porém, só devemos e podemos servir-nos delas para chegar ao gozo das outras. Assim, nós que gozamos e usamos as outras coisas, de certo modo também somos uma coisa. Com efeito, o homem é uma grande coisa, porque feito à imagem e semelhança de Deus (cf. Gn 1,26-27), não enquanto é incluído num corpo mortal, mas enquanto é superior aos animais pela dignidade da alma racional. Daí surge um grande problema, se os homens devem gozar a si mesmos, ou servir-se de si mesmos ou as duas coisas ao mesmo tempo. Com efeito, foi-nos ordenado que nos amássemos uns aos outros (cf. Jo 13,34; 15,12), mas pergunta-se: o homem deve ser amado pelo outro homem por si mesmo ou em vista de outro? De fato, se for por si, goza-se dele; se for em vista de outro, faz-se uso dele. Quanto a mim, parece-me que devemos amá-lo por causa de outro. Realmente, aquilo que deve ser amado por si mesmo, nele consegue-se a vida bem-aventurada, pela qual, neste tempo, somos consolados, embora não a possuamos na realidade, mas somente sua esperança. Contudo, maldito seja quem põe sua esperança em outro homem (cf. Jr 17,5).

Toda a força do amor corre para Deus

22.21. Se refletires claramente, nem de si mesmo alguém deve gozar, porque ninguém deve amar a si mesmo por si mesmo, mas em vista daquele ao qual se deve gozar. Então, é realmente perfeito o homem quando orienta toda a sua vida para a vida imutável e se une a ela com todo o afeto. Porém, se ama a si por si mesmo, não se refere a Deus, mas, voltado para si mesmo, não se orienta para algo imutável. E, por isso, goza-se com algum defeito, porque é melhor quando adere e abraça totalmente o bem imutável do que quando dele se separa para orientar-se para si mesmo. Portanto, se deves amar a ti mesmo não por causa de ti mesmo, mas por causa daquele no qual se encontra o fim do teu corretíssimo amor, não se irrite o outro homem se também a ele amas por causa de Deus. Com efeito, esta norma do amor foi estabelecida por Deus, quando diz: *Amarás o teu próximo como a ti mesmo* (Mt 22,39), mas *amarás o Senhor teu Deus de todo o teu coração, de toda a tua alma, de toda a tua mente* (Mt 22,37; Lv 19,18; Dt 6,5), para que a ele dirijas todos os teus pensamentos, toda a vida e todo o intelecto, pois dele recebeste os bens que possuis. Mas quando diz: *De todo o coração, de toda a alma, de toda a tua mente*, não deixou parte alguma de nossa vida que deva ficar ociosa e como que dê lugar para que queira gozar de outras coisas, mas qualquer coisa que aparecer ao espírito para ser amada deve ser levada para onde corre toda a força do amor. Portanto, quem ama corretamente o próximo, deve fazer que também ele ame a Deus de todo o coração, de toda a alma e de toda a mente. Assim, pois, amando-o como a si mesmo, dirige todo o amor por si e pelo outro para o amor de Deus, que não aceita que algum riozinho se desvie para fora dele e a dispersão da água venha a diminuir a força.

Distingue como deves amar cada coisa

23.22. Ora, nem todas as coisas que devemos usar, também devem ser amadas, mas somente aquelas que, por alguma sociedade conosco, relacionam-se com Deus, como é o homem ou o anjo, ou, relacionadas conosco, por nosso intermédio precisam dos benefícios de Deus, como é o corpo. Pois, na verdade, os mártires não amaram o delito daqueles que os perseguiam, embora dele se tenham servido para merecerem a Deus. Portanto, são quatro as coisas que devem ser amadas:

uma que está acima de nós, a segunda que somos nós, a terceira que está ao nosso lado, a quarta que está abaixo de nós. Quanto à segunda e à quarta não era preciso que nos fosse dado preceito algum. Pois o homem, por mais que se desvie da verdade (cf. 2Tm 2,18), conserva sempre o amor a si mesmo e a seu corpo. Com efeito, o espírito que foge da luz imutável que reina sobre todas as coisas, faz isso para ele próprio reinar sobre si e sobre seu corpo e, por isso, não pode senão amar a si mesmo e a seu corpo.

A ordem do amor

23.23. Mas o homem julga ter conseguido uma grande coisa se puder dominar seus semelhantes, isto é, os outros homens. De fato, compete a um espírito viciado apetecer mais e reivindicar para si, como algo que lhe seja devido, aquilo que propriamente é devido somente a Deus. Ora, tal amor a si mesmo, chamar-se-ia melhor de ódio. Com efeito, é iníquo que alguém queira ser servido por quem lhe é inferior, quando ele próprio não quer servir quem lhe é superior. Com muita exatidão foi dito: *Aquele que ama a iniquidade odeia a sua alma* (Sl 10,6). Por isso, o espírito adoece e é atormentado pelo corpo mortal. De fato, é necessário que o espírito ame o corpo e sofra por causa de sua corrupção. A imortalidade e a incorruptibilidade provêm da saúde do espírito, mas a saúde do espírito consiste em aderir com muita firmeza àquele que é mais excelente, isto é, a Deus imutável.

Pois aquele que deseja dominar também os outros que, por natureza, lhe são semelhantes, isto é, os homens, comete uma soberba absolutamente intolerável.

Ninguém odeia a própria carne, nem mesmo aqueles que a castigam

24.24. Ninguém odeia a si mesmo. E sobre isso, na verdade, jamais surgiu alguma controvérsia com alguma seita. E mesmo o próprio corpo, ninguém o odeia. Pois é verdade o que diz o apóstolo: *Ninguém jamais odiou sua própria carne* (Ef 5,29). E quando alguns dizem que preferem ser absolutamente sem corpo, enganam-se inteiramente. Pois não odeiam o próprio corpo, mas sua corrupção e seu peso. Por isso, não é que não queiram corpo algum, mas quereriam tê-lo incorruptível e sumamente ágil; porém, julgam que não seria corpo se fosse assim, porque pensam que esse ser seria a alma. Porém, quanto àqueles que parecem quase perseguir seus corpos com alguma continência e com os sacrifícios que praticam, aqueles que fazem isso corretamente, não agem assim para não terem corpo, mas para que o tenham sujeito e pronto para as obras necessárias. Por uma violenta luta contra o próprio corpo, procuram extinguir as paixões que usam mal o corpo, isto é, os hábitos e as inclinações que levam a alma a gozar das coisas inferiores. Tanto isso é verdade que eles não se matam, mas têm cuidado de sua saúde.

O espírito e a carne lutam entre si

24.25. Mas aqueles que fazem isso de maneira perversa, quase naturalmente declaram guerra a seu corpo como se fosse seu inimigo. Nisso enganam-se aqueles que leem: *A carne tem desejos contrários ao espírito e o espírito contrários à carne; essas coisas são contrárias entre si* (Gl 5,17). Ora, isso foi dito por causa dos indomados costumes da carne, contra a qual o espírito tem desejos contrários; não para matar o corpo, mas para que por sua concupiscência, isto é, domada pelo mau costume a torne sujeita ao espírito, o que a ordem natural deseja. Porque, depois da ressurreição, a coisa será assim que o corpo terá o vigor da imortalidade e estará sujeito ao espírito na paz perfeita, e isso deve ser refletido também nesta vida, a fim de que os hábitos carnais se mudem para melhor e não resistam ao espírito com movimentos desordenados. Enquanto isso não se realiza, a carne tem desejos contrários ao espírito e o espírito desejos contrários à carne. O espírito não se opõe por ódio, mas para conservar o primado, porque quer que o corpo que ele ama seja mais sujeito ao melhor; nem a carne resiste movida pelo ódio, mas pelo vínculo do costume, pois enraizado pelos progenitores e pela linhagem cresceu por uma lei da natureza. Portanto, isso faz o espírito quando doma a carne: anula os maus costumes, como se fossem pactos perversos e constrói a paz dos bons costumes. Todavia, nem estes que, pervertidos por uma falsa opinião, detestam seus corpos, estariam dispostos a arrancar um olho, ainda que sem dor, mesmo se com aquele que lhes resta tivessem tanto vigor de visão como quando tinham dois olhos, a não ser que a isso fossem obrigados por algo mais importante. Com este exemplo e outros semelhantes, mostra-se suficientemente àqueles que procuram a verdade sem pertinácia, quão verdadeira é a afirmação do apóstolo, quando diz: *Ninguém jamais odiou a própria carne*, acrescentando também: *Mas a nutre e a guarda, como também fez Cristo à Igreja* (Ef 5,29).

Embora algo seja mais amado do que o corpo, todavia, não se deve odiar o corpo

25.26. Portanto, ao homem deve ser ensinada a maneira de amar, isto é, como amar a si mesmo de maneira vantajosa; mas duvidar que ama a si mesmo e quer ser útil a si mesmo seria uma demência; por isso, é preciso ensinar também como amar o próprio corpo para cuidar dele de maneira ordenada e prudente. Pois que ame também seu corpo e queira tê-lo sadio e íntegro é igualmente manifesto. Por isso, alguém pode amar alguma coisa mais do que a saúde e a integridade do próprio corpo. De fato, encontram-se muitas pessoas que suportaram voluntariamente dores e a perda de alguns membros, mas fizeram isso para conseguir outras coisas que amavam mais. Portanto, não se deve dizer que alguém não ama a saúde e a incolumidade do seu corpo, porque ama mais outra coisa.

Afinal, também o avarento, embora ame o

dinheiro, todavia, compra o pão para si; e quando faz isso, dá o dinheiro que tanto ama e quer aumentar, mas isso porque estima mais a saúde do seu corpo, que é sustentado por aquele pão. Porém, é inútil discutir mais sobre algo tão claro; todavia, na maioria das vezes, somos obrigados a fazer isso pelo erro dos ímpios.

No preceito de amar a Deus e ao próximo
está contido o amor a si mesmo

26.27. Portanto, porque não há necessidade de um preceito para que alguém ame a si mesmo e a seu corpo, isto é, porque aquilo que somos e aquilo que está abaixo de nós, faz parte de nós, nós o amamos pela inabalável lei da natureza que é promulgada também para os animais (afinal, também os animais amam a si mesmos e a seu corpo), restava que, tanto sobre aquilo que está acima de nós, como sobre aquilo que está ao nosso lado, assumíssemos os preceitos. Diz: *Amarás o Senhor teu Deus de todo o teu coração de toda a tua alma, de todo a tua mente, e amarás o teu próximo como a ti mesmo. Desses dois mandamentos depende toda a Lei e os profetas* (Mt 22,37-40). Por isso, o fim do preceito é o amor (cf. 1Tm 1,5), e isso nos dois sentidos, isto é, o amor a Deus e ao próximo. Mas se te considerares na totalidade, isto é, a alma e o teu corpo, e o próximo na totalidade, isto é, sua alma e seu corpo (afinal, o homem consta e alma e corpo), nesses dois preceitos não foi omitida nenhuma categoria de coisas que devem ser amadas. Mas já que o amor de Deus tem precedência e que o modo de seu amor aparece prescrito de modo que todas as outras coisas confluem nele, parece que nada tenha sido dito sobre o teu amor. Mas quando foi dito: *Amarás o teu próximo como a ti mesmo*, ao mesmo tempo não foi omitido o amor que tu deves a ti mesmo.

Deus deve ser amado por si mesmo, o homem,
por causa de Deus

27.28. Ora, vive justa e santamente quem é um perfeito avaliador das coisas. Porém, tem um amor ordenado aquele que ou não ama o que não deve ser amado, ou não deixa de amar o que deve ser amado, ou ama mais aquilo que deve ser amado menos, ou ama de maneira igual aquilo que deve ser amado menos ou mais. Todo o pecador, enquanto é pecador, não deve ser amado, e todo o homem, enquanto é homem, deve ser amado por causa de Deus. Deus, porém, deve ser amado por si mesmo. E se Deus deve ser amado mais do que todos os homens, cada um deve amar a Deus mais do que a si próprio. Além disso, o outro homem deve ser amado mais do que o nosso corpo, porque todas as coisas devem ser amadas por causa de Deus e o outro homem pode gozar a Deus conosco, o que o corpo não pode, porque o corpo vive pela alma pela qual gozamos a Deus.

A quem deves socorrer, quando não podes
socorrer a todos

28.29. Ora, todos devem ser amados de forma igual. Mas já que não podes ser útil a todos, deves atender sobretudo àqueles que te estão estreitamente ligados por circunstâncias de lugar, de tempo ou de qualquer outro gênero que a sorte, por assim dizer, te entregou. Assim, então, se tivesses abundância de alguma coisa que seria oportuno doar a quem nada tem, mas não pudesses dar a duas pessoas. Se fossem duas as pessoas que se apresentam, das quais nenhuma supera a outra, seja pela necessidade, seja por algum laço de parentesco, nada poderias fazer de mais correto do que tirar a sorte ao qual deverias dar, já que não pode ser dado aos dois. Assim acontece com os homens quando não consegues ajudar a todos ao mesmo tempo. Deve-se considerar como uma sorte se alguém puder estar mais unido a ti por laços temporais.

Deve-se desejar e fazer que todos amem a Deus

29.30. Mas de todos aqueles que conosco podem gozar a Deus, amamos uma parte deles porque os ajudamos, uma parte porque somos ajudados por eles, uma parte porque necessitamos de sua ajuda ou porque socorremos sua indigência, uma parte aos quais não somos úteis de modo algum, nem esperamos alguma ajuda deles. Contudo, devemos querer que todos amem a Deus conosco e toda a ajuda que a eles damos ou deles recebemos seja orientada para essa única finalidade. Mas se, nos teatros da iniquidade, alguém ama um ator e goza a sua arte como se fosse um grande ou até o sumo bem, ele ama todos aqueles que como ele o amam e isso não por eles, mas por causa daquele que igualmente amam; e quanto mais fervente for no amor por ele, tanto mais age de todas as maneiras para que ele seja amado pelo maior número de pessoas, procurando fazê-lo ver a muitos, e se vê alguém mais frio, estimula-o quanto pode com louvores a ele; porém, se encontrar alguém que se opõe, odeia violentamente nele o fato de odiar seu amado, e com todos os meios possíveis insiste em tirar-lhe o ódio. E a nós, unidos no comum amor a Deus, o que nos convém fazer, já que gozar a ele é ter vida feliz? Afinal, dele todos aqueles que o amam têm o ser e a faculdade de amá-lo. Dele não tememos que, tendo-o conhecido, possa desagradar a alguém e aquele que quer ser amado, não é porque deseja algo para si, mas para que seja concedido um prêmio eterno àqueles que o amam, isto é, aquele a quem amam? Daí segue que amamos também os nossos inimigos. Com efeito, não os tememos, porque não nos podem tirar aquele que amamos. Pois se a ele se converterem, é necessário que também eles o amem como um bem beatífico e a nós como companheiros de tão grande bem.

Nossos próximos são todos os homens e os próprios anjos

30.31. Neste ponto, porém, surge um problema sobre os anjos. Ora, eles são felizes por gozarem aquele que também nós desejamos gozar; e quanto nesta vida gozarmos a Deus, seja em espelho ou em enigma (cf. 1Cor 13,12), tanto mais suportamos com tolerância a nossa peregrinação e mais ardentemente desejamos terminá-la. Mas, pode-se razoavelmente perguntar se naqueles dois preceitos entra também o amor dos anjos. De fato, aquele que ordenou que amássemos o próximo não excetuou nenhum homem, e isso foi mostrado pelo próprio Senhor no Evangelho e pelo Apóstolo Paulo. Na realidade, aquele ao qual havia apresentado esses dois preceitos e dissera que deles dependia toda a Lei e todos os profetas, quando lhe perguntou: *E quem é o meu próximo?* (Lc 10,29), propôs-lhe o fato do homem que descia de Jerusalém a Jericó, que caiu nas mãos dos ladrões e, gravemente ferido, foi abandonado chagado e meio morto (cf. Lc 10,30-33). Não ensinou quem seria o próximo, senão que existiu aquele que misericordiosamente o reanimou e cuidou dele, de forma que este que interrogara, por sua vez interrogado, tirasse a conclusão. Ao qual o Senhor disse: *Vai, e faze tu o mesmo* (Lc 10,37), isto é, para que compreendamos que o próximo é aquele ao qual devemos servir com misericórdia, se tem necessidade, ou que deveríamos servir, se necessitasse. Disse segue já a consequência que aquele pelo qual nós recebemos um serviço é também nosso próximo. Realmente, o termo próximo indica uma relação e ninguém pode ser próximo senão daquele que se aproxima. Ora, quem não vê que ninguém pode ser excetuado e a ninguém se deve negar o dever de misericórdia, quando deve ser estendido até os inimigos, conforme diz o próprio Senhor: *Amai os vossos inimigos, fazei o bem aos que vos odeiam* (Mt 5,44).

O amor é a plenitude de lei

30.32. Assim também ensina o Apóstolo Paulo quando diz: *Não cometerás adultério, não matarás, não furtarás, não dirás falso testemunho, não cobiçarás, e qualquer outro mandamento, todos se resumem nesta palavra: amarás o teu próximo como a ti mesmo. O amor ao próximo não faz o mal* (Rm 13,9-10). Portanto, se alguém julga que o apóstolo não deu tal preceito a todos os homens, seria obrigado a confessar a coisa mais absurda e mais criminosa, isto é, que o apóstolo pensaria que não é pecado cometer adultério com a mulher de um não cristão ou de um inimigo, ou de matá-lo ou desejar seus bens. Mas, se é coisa de louco dizer isso, é evidente que todo homem deve ser considerado próximo, porque não se deve fazer o mal a ninguém.

Somos arrebatados ao amor das coisas invisíveis

30.33. Ora, se aquele ao qual devemos prestar um serviço de misericórdia ou aquele do qual devemos recebê-lo, é corretamente chamado de próximo, é claro que no preceito pelo qual nos é ordenado que amemos o próximo estão incluídos também os santos anjos, dos quais nós recebemos tantos gestos de misericórdia como é fácil de verificar em muitas passagens das divinas Escrituras. Por isso, também o próprio Deus e Senhor nosso quis ser chamado nosso próximo. Pois o Senhor Jesus Cristo representa-se a si mesmo no semimorto maltratado e abandonado no caminho pelos ladrões (cf. Lc 10,30-33). E o profeta diz na oração: *Eu tinha a mesma compaixão que por um próximo ou um irmão* (Sl 34,14). Mas porque a substância divina é mais excelente e está acima de nossa natureza, o preceito pelo qual devemos amar a Deus distingue-se do preceito de amar o próximo. Com efeito, Deus oferece-nos a misericórdia por causa de sua bondade, nós, porém, a oferecemos uns aos outros por causa dele, isto é, ele tem misericórdia de nós para que nós o gozemos, nós, porém, usamos de misericórdia uns com os outros, para que gozemos a ele.

Deus não nos goza, mas usa

31.34. Mas parece que nisso ainda existe algo de ambíguo, quando dizemos que gozamos uma coisa porque a amamos por ela mesma e que devemos gozar somente aquela que nos torna felizes; quanto às demais, devemos somente usá-las. Ora, Deus nos ama e a divina Escritura destaca muito o amor que ele tem por nós. Então, como nos ama? Para usar ou para gozar a nós? Mas se gozar, precisa de nossa bondade, coisa que ninguém que fosse sadio diria. Com efeito, toda a nossa bondade ou é ele próprio ou vem dele. Afinal, a quem é obscuro ou duvidoso que a luz não tem necessidade do brilho das coisas que ela mesma ilumina? Também o profeta diz de forma claríssima: *Disse ao Senhor: Tu és o meu Deus, porque não tens necessidade dos meus bens* (Sl 15,2). Portanto, Deus não goza a nós, mas serve-se de nós. Pois se não gozasse ou não se servisse de nós, não encontro como possa amar-nos.

Deus é nossa recompensa

32.35. Todavia, Deus não usa de nós, como nós, pois nós referimos as coisas que usamos a fim de gozarmos a bondade de Deus; Deus, porém, refere o nosso uso à sua bondade. Com efeito, porque ele é bom, nós existimos; e enquanto existimos, somos bons. Na verdade, porém, porque ele é também justo, não somos maus impunemente; e enquanto formos maus, nós existimos menos. De fato, suma e primordialmente existe aquele que é imutável e que, com absoluta plenitude, pôde dizer: *Eu sou aquele que sou*, e: *Dirás a eles: Aquele que é enviou-me a vós* (Ex 3,14). As outras coisas que existem, não poderiam existir sem ele e somente são boas enquanto receberam a existência. Por isso, o uso que se diz de Deus, pelo qual utiliza-se de nós, não se refere à sua, mas à nossa utilidade; em relação a ele, refere-se somente à sua bondade. Mas quando nós manifestamos misericórdia e nos ocupamos de alguém, certamente fazemos isso para sua utilidade, pois é isso que visamos; mas, não sei como, segue-se também um proveito nosso, já que Deus não deixa sem recompensa a misericórdia que temos pelo necessitado. Essa recompensa, porém, é máxima para gozarmos a ele e todos nós que a ele gozamos, também nós gozamos uns aos outros nele.

Não colocaremos nas criaturas a esperança da bem-aventurança

33.36. Ora, se fizermos isso por causa de nós mesmos, permaneceremos a caminho e colocamos a esperança da nossa felicidade no homem ou no anjo. Isso tanto o homem soberbo quanto o anjo soberbo o atribuem a si, e se alegram por ver depositada neles a esperança dos outros. Mas o homem santo e também o santo anjo que, mesmo cansados, desejam repousar e permanecer em sis, mais nos restauram com aquilo que receberam por causa de nós ou também por aquele que receberam para si, mas que receberam. E assim reconfortados, impelem-nos a ir para aquele que, gozando a ele, somos realmente felizes. Pois também o apóstolo exclama: *Porventura Paulo foi crucificado por vós? Ou fostes batizados em nome de Paulo?* (1Cor 1,13), e: *Não é nada nem quem planta, nem quem rega, mas Deus, que dá o crescimento* (1Cor 3,7). E o anjo admoesta o homem que o adorava, que adore antes o Senhor, sob o qual também ele era servo como o homem (cf. Ap 19,10).

Deve-se gozar o homem em Deus e por causa de Deus

33.37. Porém, quando gozares o homem em Deus, goze antes a Deus do que o homem. De fato, gozas aquele pelo qual te tornas feliz e te alegrarás por teres chegado àquele no qual pões tua esperança. Por isso, Paulo diz a Filemon: *Sim, irmão, eu te gozarei no Senhor* (Fm 20). Porque se não acrescentasse *no Senhor*, e só dissesse *eu te gozarei*, teria colocado nele a esperança de sua felicidade. Embora também usar com amor diz-se que é muito próximo a gozar. Com efeito, se está presente aquilo que se ama, é necessário que traga consigo também o prazer. Mas se ultrapassares o prazer e te referires àquele no qual deves permanecer, então usas a ele de modo abusivo, e não chamas propriamente gozar. Mas se aderires ao objeto e permaneceres nele, pondo nele o fim do teu prazer, então deve-se dizer verdadeira e propriamente que gozas a ele. Mas isso não deve ser feito senão naquela Trindade, isto é, no sumo e imutável bem.

Cristo, o primeiro caminho para Deus

34.38. Veja que a própria Verdade e o Verbo pelo qual foram feitas todas as coisas (cf. Jo 1,3), se fez carne para habitar entre nós (cf. Jo 1,14) e, todavia, o apóstolo diz: *Se temos conhecido a Cristo segundo a carne, agora já não o conhecemos* (2Cor 5,16). Na verdade, ele quis assumir a carne, pois quis mostrar-se não só como posse de quem chegou à meta, mas também quis mostrar-se como caminho para os que chegam ao princípio dos caminhos. Donde vem também a palavra: *O Senhor me criou no princípio de seus caminhos* (Pr 8,22), para que ali começassem aqueles que quisessem chegar. Por isso, o apóstolo, embora ainda estivesse a caminho, seguia a Deus que o chamava à palma da vocação celeste, esquecendo, porém, as coisas que estão para trás e voltado para aquelas que estão por diante (cf. Fl 3,12-14), já havia ultrapassado o princípio dos caminhos, isto é, não necessitava do ponto em que devem iniciar e pôr-se a caminho todos aqueles que desejam chegar à verdade e permanecer na vida eterna. De fato, diz assim: *Eu sou o caminho, a verdade e a vida* (Jo 14,6), isto é, por mim se vem, a mim se chega, em mim se permanece. Com efeito, quando se chega a ele, também se chega ao Pai, porque através do igual se reconhece aquele ao qual ele é igual (cf. Jo 14,9); quem nos liga e, por assim dizer, nos aglutina é o Espírito Santo, mediante o qual podemos permanecer no sumo e imutável bem. Disso compreende-se que nenhuma coisa nos deve reter no caminho, já que nem o Senhor, enquanto dignou-se ser nosso caminho, quis que nos detivéssemos nele, mas que passássemos adiante, para que, por fraqueza, não nos agarrássemos às coisas temporais, embora por ele próprio assumidas e postas em ação para a nossa salvação; mas antes, por elas corramos vivamente para merecermos ser sustentados e conduzidos até ele, que libertou nossa natureza das realidades temporais e a colocou à direita do Pai.

Mostra-se a economia da salvação humana

35.39. Por isso, de tudo o que foi dito, desde que tratamos das coisas, esta é a mais importante: que se compreenda que a plenitude e o fim da Lei e de todas as divinas Escrituras é o amor (cf. Rm 13,10; 1Tm 1,5) à coisa pela qual deve-se gozar e à coisa que conosco pode gozar o objeto que amamos, porque, para que alguém ame a si mesmo, não há necessidade de preceito.

Ora, para que conhecêssemos e possuíssemos tudo isso, a Providência divina criou para a nossa salvação toda a economia temporal, que devemos usar não com um certo amor e alegria permanentes, mas antes como caminhos transitórios, como de veículos ou quaisquer outros meios de transporte, ou se algo pode ser dito mais convenientemente, para que amemos as coisas que nos levam por causa daquele para o qual somos levados.

Para não ser enganadora, a interpretação da
Escritura deve ser útil para edificar a caridade

36.40. Por isso, quem pensa ter compreendido as divinas Escrituras, ou qualquer parte delas, de maneira que por tal compreensão não edifica esta dupla caridade, de Deus e do próximo, ainda não as compreendeu (cf. 1Cor 8,1-2). Mas, quem delas tiver tirado uma ideia que seja útil para edificar o edifício da caridade e, todavia, disser aquilo que naquele lugar não é o sentido dado pelo autor, não causa um erro pernicioso nem, absolutamente, esteja mentindo. De fato, naquele que mente existe a vontade de dizer coisas falsas, e assim encontramos muitos que querem mentir, mas ninguém que queira ser enganado. Por isso, quando o homem faz isso conscientemente e o suporta inconscientemente, aparece claramente que aquele que é enganado é melhor do que aquele que mente (cf. 1Pd 3,17); afinal, é melhor sofrer a iniquidade do que cometê-la. Ora, todo aquele que mente comete uma iniquidade e se, alguma vez, a alguém parecer que a mentira é útil, poderá também parecer-lhe que, por vezes, haja uma iniquidade útil. Realmente, ninguém que mente, naquilo que mente, respeita a fidelidade. Pois o que ele realmente quer é que aquele ao qual mente lhe seja fiel, mas ele, mentindo, não observa a fidelidade ao outro. Mas todo violador da fé é iníquo. Por isso, às vezes, ou a iniquidade é útil, coisa que não pode acontecer, ou a mentira é sempre inútil.

Primeiramente busque-se a intenção do autor sagrado

36.41. Mas quem, nas Escrituras, pensa de modo diverso daquele que escreveu, engana-se, já que as Escrituras não enganam. Todavia, conforme havia iniciado a dizer, se se engana por uma interpretação pela qual edifica a caridade, que é o fim do preceito (cf. 1Tm 1,5), erra como aquele que, por erro, abandona o caminho e, continuando pelos campos, chega também aonde o caminho conduzia. Todavia, deve ser corrigido e deve-se mostrar quão útil é não abandonar o caminho, para que, pelo hábito de se desviar, também não seja obrigado a andar por caminhos transversais ou maus.

Se for lida com piedade, a Sagrada Escritura alimenta a fé, a esperança e a caridade

37.41. Afirmando levianamente o que o autor não pensou, geralmente o intérprete incorre em opiniões diferentes que não podem conciliar-se com as afirmações do autor. E se ele decidir que suas opiniões são verdadeiras e certas, essa interpretação não pode conciliar-se com a verdade; e, não sei como, nele sucederá que, amando a sua opinião, começará a ser mais contrário à Escritura do que a si mesmo. E se deixar que esse mal se insinue, levá-lo-á à ruína. Com efeito, nós caminhamos pela fé, não pela visão (cf. 2Cor 5,7); mas a fé vacilará se vacilar a autoridade das divinas Escrituras e, vacilando a fé, enfraquecer-se-á também a própria caridade. Pois se alguém cair pela fé, necessariamente cairá também pela caridade. Porque não pode amar o que não crê que exista. Mas se crê e ama, agindo bem e obedecendo às normas dos bons costumes, acontece também que espere poder chegar àquilo que ama. Por isso, estas são as três coisas pelas quais combate toda a ciência e toda a profecia: a fé, a esperança e a caridade (cf. 1Cor 13,13).

A caridade permanece para sempre

38.42. Ora, à fé sucederá a visão que havemos de ter, e à esperança sucederá a própria bem-aventurança para a qual somos destinados; a caridade, porém, mesmo que estas desapareçam, há de aumentar. Contudo, se crendo amamos aquilo que ainda não vemos, quanto mais o amaremos quando começarmos a vê-lo? E se esperando amamos aquilo ao qual ainda não chegamos, quanto mais o amaremos quando tivermos chegado? Na verdade, entre os bens temporais e os eternos existe a seguinte diferença: que o bem temporal é mais amado antes de ser possuído, mas perde o valor quando é possuído. Realmente, ele não sacia a alma, cuja verdadeira e certa sede é a eternidade. O bem eterno, porém, é amado com mais ardor quando é alcançado do que quando é desejado. De fato, a ninguém que o deseja é consentido avaliá-lo mais do que efetivamente vale, de modo que possa diminuir de valor quando for possuído, considerando-o menos valioso. Mas, quanto puder avaliá-lo quem está chegando, mais o avaliará quando tiver chegado.

O intérprete das Escrituras deve ser instruído pela fé, pela esperança e pela caridade

39.43. Por isso, o homem que se apoia na fé, na esperança e na caridade, conservando-as inabalavelmente, não necessita das Escrituras senão para instruir os outros. Daí que, mediante essas três virtudes, muitos vivem na solidão também sem manuscritos. Assim, creio que neles já se tenha cumprido o que está dito: *As profecias passarão, as línguas cessarão e a ciência será abolida* (1Cor 13,8). Todavia, com tais estruturas, ergueu-se neles tão grande edificação de fé, de esperança e de caridade que, possuindo aquilo que é perfeito, não buscam mais o que é parcial (cf. 1Cor 13,10); digo perfeito, quanto se pode conseguir nesta vida, pois, em comparação com a vida futura, de nenhum justo ou santo esta vida é perfeita. Por isso diz: *Agora, pois, permanecem estas três: a fé, a esperança e a caridade. A maior delas, porém, é a caridade* (1Cor 13,13), porque quando alguém chegar à vida eterna, estas duas cessarão e permanecerá a caridade, a mais florescente e mais segura.

Que tipo de leitor a Escritura solicita

40.44. Por isso, quando alguém souber que o fim do preceito *é a caridade nascida de um coração puro, de uma boa consciência e de uma fé não fingida* (1Tm 1,5), e referir toda a compreensão das divinas Escrituras a essas três exigências, poderá aproximar-se seguramente para tratar daqueles livros. Com efeito, quando diz: *caridade*, acrescentou: *de coração puro*, para que não se ame nada mais do que deve ser amado. Acrescentou *uma boa consciência* por causa da esperança. Com efeito, aquele no qual existe o escrúpulo de uma má consciência perde a esperança de poder chegar àquilo que crê e ama. Em terceiro lugar fala *de uma fé não fingida*. De fato, se a nossa fé estiver isenta da mentira, não amamos o que não se deve amar e, vivendo corretamente, esperamos que, de modo algum, a nossa esperança seja iludida. Portanto, sobre as coisas que contêm a fé, eu quis dizer quanto por agora julguei ser suficiente, porque em outros volumes, escritos tanto por outros como por nós, muitas coisas já se disseram. Por isso, seja posto um fim a este livro. No seguinte falaremos dos sinais, na medida que o Senhor conceder.

Livro II

As coisas e os sinais

1.1. Quando escrevi sobre as coisas, coloquei antes a advertência de prestar atenção apenas ao que as coisas são em si mesmas e não se também significam alguma outra coisa além de si; por outro lado, falando dos sinais, digo que é preciso considerar não aquilo que são em si, mas antes que são sinais, isto é, que significam alguma coisa. Com efeito, sinal é uma coisa que, além da imagem de si mesmo que transmite aos sentidos, faz que nos venha à mente alguma coisa diferente. Assim, vendo um rasto, pensamos que por ali passou um animal, cujo sinal é o rasto; vendo a fumaça, sabemos que abaixo existe fogo; tendo ouvido a voz de um ser animado, discernimos seu estado de espírito; ao soar a trombeta, é preciso que os soldados saibam se devem avançar ou retroceder ou fazer qualquer outra coisa que o combate exige.

Os sinais naturais

1.2. Por isso, entre os sinais, uns são naturais, outros convencionais. Naturais são aqueles que, sem intervenção da vontade nem de alguma intenção de dar-lhes significado, por si mesmos, fazem conhecer, além de si mesmos, alguma outra coisa, assim como a fumaça é sinal de fogo. De fato, faz isso não porque quer significar [o fogo], mas, pela reflexão ou pela noção das coisas que experimentamos, sabemos que abaixo está o fogo, mesmo que apareça somente a fumaça. Também o rasto do animal que passa pertence a este tipo de sinais; também um rosto irado ou triste, manifesta o estado de espírito, mesmo sem vontade alguma de quem está irado ou triste; a mesma coisa se diga de qualquer outro sentimento, que se manifesta através dos traços que deixa no rosto, ainda que nada façamos para que se manifeste. Mas, não é minha intenção tratar agora de toda esta categoria de sinais. Todavia, porque entrou na nossa divisão, não pude absolutamente omiti-la e tê-la mencionado aqui será suficiente.

De que tipo de sinais vamos tratar aqui

2.3. Sinais convencionais, porém, são aqueles que os seres vivos se trocam mutuamente para indicar, quanto podem, os movimentos do seu espírito, quer se trate de sentimentos, quer de conceitos. Não temos nenhuma outra razão de significar, isto é, de emitir sinais, senão para manifestar ou transmitir para o espírito do outro aquilo que se passa no espírito daquele que dá o sinal. Por isso, no que se refere aos homens, decidimos considerar e expor esta categoria de sinais, porque também os sinais dados por Deus e que estão contidos nas Sagradas Escrituras, foram manifestados a nós através de homens que os escreveram. Também os animais têm algum tipo de sinais, pelos quais comunicam os desejos de seu espírito. Pois também o galo, tendo encontrado um alimento apropriado, com a voz dá um sinal à galinha para que acorra. Assim o pombo, com um gemido, chama a pomba ou, vice-versa, é chamado por ela; e costumam ser percebidas muitas outras coisas desse gênero. Porém, se o rosto ou o grito de dor seguem o movimento do espírito sem a intenção de significar alguma coisa, ou se são emitidos precisamente para significar alguma coisa, é outra questão e não entra no assunto que estamos tratando. Por isso, na presente obra, vamos omitir essa parte como não necessária.

Entre os sinais, as palavras obtêm a primazia

3.4. Por isso, dentre os sinais com os quais os homens comunicam entre si os próprios sentimentos, alguns pertencem ao sentido da vista, a maioria ao sentido da audição, muito poucos aos outros sentidos. Afinal, quando fazemos acenos, não damos sinal senão aos olhos daquele ao qual com tal sinal queremos que participe de nossa vontade. E alguns indicam muitas coisas com o movimento das mãos e, com o movimento de todos os membros, os atores dão alguns sinais a quem possa compreendê-los e como que dialogam com seus olhos e, através dos olhos, as bandeiras e os símbolos militares indicam aos soldados a vontade dos generais. Todas essas coisas são como que palavras visíveis. Quanto aos sinais que pertencem à audição, como falei, são os mais numerosos, sobretudo por se constituírem de palavras. Pois a trombeta, a flauta e a cítara, com frequência, emitem um som que não só é agradável, mas também significativo. Mas todos esses sinais, comparados com as palavras, são pouquíssimos. Na realidade, entre os homens, as palavras obtiveram o primeiro lugar em sentido absoluto quando se trata de manifestar as coisas concebidas no espírito, se alguém quiser manifestá-las. Pois o Senhor deu algum sinal também pelo odor do unguento com o qual foram perfumados os seus pés (cf. Jo 12,3.7) e pelo sentido do paladar deu o significado que quis ao Sacramento do seu corpo e sangue (cf. Lc 22,19-20) e quando a mulher que foi curada por tocar a orla de sua veste, indicou-nos alguma coisa (cf. Mt 9,20-22). Todavia, a inumerável quantidade dos sinais, com os quais os homens transmitem seus pensamentos, é dada por palavras. Afinal, todos os sinais cujas espécies brevemente enunciei, pude expô-los em palavras, enquanto as palavras não poderia enunciá-las com os sinais.

Donde as letras

4.5. Mas porque, ao tocar o ar, imediatamente as palavras desaparecem e não duram mais do que o tempo durante o qual soam, por isso, como sinal das palavras, foram criadas as letras. Assim as palavras mostram-se aos olhos, não por si mesmas, mas transcritas em sinais que as representam. Ora, esses sinais não puderam ser comuns a todos os povos por um pecado de discórdia humana, quando cada um queria tomar para si o primado. Sinal daquela soberba foi a torre erguida até o céu, quando os homens ímpios conseguiram a discórdia não só dos espíritos, mas também da linguagem (cf. Gn 11,1-9).

As línguas bíblicas

5.6. Daí aconteceu que também a divina Escritura, pela qual se socorrem tantos males das vontades humanas, escrita originalmente numa língua, mediante a qual podia difundir-se pelo universo quanto fosse oportuno, foi difundida em toda a parte nas línguas dos intérpretes e se tornou conhecida como salvação dos povos. Aqueles que a leem, porém, não buscam outra coisa senão encontrar ali os pensamentos e a vontade daqueles que a escreveram e nela a vontade de Deus, segundo a qual cremos que tais homens tenham falado.

Em que imagens ou figuras é útil a obscuridade da Escritura

6.7. Mas os que leem as Escrituras temerariamente enganam-se com as muitas e variadas obscuridades e ambiguidades e tomam uma coisa por outra. Em algumas passagens não encontram matéria ou falsas interpretações, assim, encobrem de densíssimas trevas algumas coisas obscuramente ditas. Não duvido que tudo isso seja previsto por disposição divina, para que, pelo esforço, seja domada a soberba humana e, pelo enjoo, o intelecto, ao qual muitas vezes as coisas investigadas facilmente perdem o valor. Mas pergunto, como se explica que, se alguém disser que existem homens santos e perfeitos por sua vida e costumes, a Igreja de Cristo arranca de algumas superstições aqueles que veem a ela e pela imitação dos bons, de algum modo, incorpora-os a si. São fiéis bons e verdadeiros servos de Deus que, depostos os deveres seculares, vieram ao santo banho do batismo e saindo da fonte, por obra do Espírito Santo, concebem e produzem os frutos da dupla caridade, isto é, do amor a Deus e ao próximo. Portanto, como se explica se alguém disser que o fiel sente menos prazer ao ouvir as mesmas ideias expostas pelo *Cântico dos Cânticos*, onde se diz à Igreja, como que fazendo o elogio da bela mulher: *Os teus dentes são como os rebanhos das ovelhas tosquiadas, ao sair do lavatório, todas com dois cordeirinhos gêmeos e nenhuma é estéril entre elas* (Ct 4,2). Será que disso se aprende algo mais do que quando se ouviam as mesmas coisas expressas em palavras muito simples, sem o suporte dessa comparação? E, todavia, não sei como, olho mais suavemente para os santos, quando os vejo como se fossem os dentes da Igreja que arrancam os homens dos diversos erros e, amolecida a dureza, transfere-os para o corpo dela, após tê-los privado do poder de morder. Com muito prazer, reconheço também as ovelhas tosquiadas, como se tivessem deposto os pesos seculares, e subindo do banho, isto é, do Batismo, todos gerando gêmeos, isto é, os dois preceitos do amor e vejo que nenhuma é estéril ao produzir este santo fruto.

As coisas que se buscam com dificuldade,
encontram-se com mais facilidade

6.8. Mas, por que vejo a coisa com mais prazer do que se não encontrasse nenhuma comparação nos Livros divinos, já que é a mesma coisa e o mesmo conhecimento, é difícil de dizer e é outro problema. Todavia, agora ninguém contesta que, com mais prazer, conhecem-se as coisas mediante as comparações e quando se descobrem as coisas investigadas com certa dificuldade é muito prazeroso. Com efeito, os que não encontram logo o que procuram, sofrem de fome; mas os que não procuram, porque têm as coisas prontamente à mão, muitas vezes murcham de tédio; em ambos os casos, porém, deve-se evitar o abatimento. Por isso, maravilhosa e salutarmente o Espírito Santo modificou as santas Escrituras de tal modo que com as passagens mais claras seja saciada a fome e com as mais obscuras fosse dissipado o tédio. Com efeito, das passagens obscuras quase nada se extrai que não se encontre mais claramente exposto em outros lugares.

Voltados para Deus, a Escritura aparecerá

7.9. Por isso, antes de mais nada é preciso converter-se, mediante o temor de Deus, para conhecer sua vontade e o que nos ordena desejar e o que devemos evitar. Esse temor deve suscitar em nós o pensamento de nossa mortalidade e da morte que efetivamente nos espera e, como que pregando a nossa carne, fixar ao lenho da cruz todos os movimentos de soberba. Em segundo lugar, é preciso que nos tornemos mansos pela piedade, jamais contradizer as divinas Escrituras, quer sejam compreendidas, se desaprovam alguns dos nossos vícios, quer não sejam compreendidas, como se nós pudéssemos conhecer ou prescrever as coisas de modo melhor. Devemos antes pensar e crer que é melhor e mais verdadeiro o que ali está escrito, mesmo que esteja oculto, do que aquilo que nós, por nós mesmos, podemos saber.

Sumamente necessários são os dons do Espírito Santo

7.10. Depois destes dois degraus, do temor de Deus e da piedade, chega-se ao terceiro degrau, aquele da ciência, do qual resolvi tratar agora. Porque nele se exercita todo o estudioso das divinas Escrituras, nas quais nada mais haverá de encontrar senão que se deve amar a Deus por causa de Deus e o próximo por causa de Deus, e que Deus deve ser amado de todo o coração, de toda a alma e de toda a mente, enquanto deve-se amar o próximo como a si mesmo (cf. Mt 22,37-39), isto é, que todo o amor do próximo, como também o nosso, deve referir-se a Deus. Desses dois preceitos tratamos no livro precedente, quando falamos das coisas. Contudo, se alguém quiser encontrar as Escrituras, é preciso que verifique antes se não está implicado no amor deste mundo, isto é, das coisas temporais e se não está muito separado de tal amor de Deus e do próximo quanto a Escritura prescreve. Então, na verdade, o temor, pelo qual pensa no juízo de Deus, e a piedade, pela qual não pode senão crer e ceder à autoridade dos livros santos, o obrigam a chorar sobre si mesmo. Pois esta ciência da boa esperança não torna o homem vaidoso, mas o faz gemer sobre si mesmo; com este sentimento implora, com diligentes preces, o consolo da ajuda divina, que o tira do desespero e, assim, começa o quarto degrau, que é o da fortaleza, pela qual se tem fome e sede de justiça (cf. Mt 5,6). Com efeito, com este sentimento arranca de si todo o amor mortífero pelas coisas que passam e, afastando-se de toda a espécie de gozo, converte-se ao amor das coisas eternas, isto é, da imutável Unidade que é a própria Trindade.

A sabedoria do coração é preparada por outros dons

7.11. Mas assim que, quanto pode, o homem vê a Trindade brilhar ao longe, percebe que, pela fraqueza de seu aspecto, não pode suportar tamanha luz, de modo que sobe ao quinto degrau, isto é, ao conselho da misericórdia, e ali purifica a alma que, de certo modo, está tumultuada e no ruído de si mesma pela sujeira que contraiu desejando as coisas inferiores. Na verdade, aqui o homem se exercita intensamente no amor ao próximo e se aperfeiçoa nele. E já cheio de esperança e íntegro nas forças, quando chegar ao amor do inimigo, sobe ao sexto degrau, onde já purifica o próprio olho, com o qual Deus pode ser visto, quanto podem aqueles que morrem a este século, quanto lhes é possível. Pois tanto podem ver quando morrem a este século, porém, enquanto vivem nele, não veem. E assim, embora o aspecto daquela luz já comece a aparecer mais segura e não só mais tolerável, mas também mais agradável, todavia, diz-se que ainda vê de forma ˜nigmática e como que por um espelho (cf. 1Cor 13,12). Isso porque, enquanto somos peregrinos nesta vida, caminhamos na fé e não na visão (cf. 2Cor 5,6-7), embora tenhamos morada nos céus (cf. Fl 3,2). Nesse degrau, porém, o homem purifica o olho do coração de tal modo que não prefere nem compara o próximo à Verdade; portanto, nem a si mesmo, porque nem aquele que ama como a si mesmo. Portanto, este santo terá um coração tão simples e puro que não se afastará da verdade nem pelo desejo de agradar aos homens, nem pela preocupação de evitar os obstáculos que se opõem a esta vida. Tal filho sobe à sabedoria, que é o sétimo e último degrau, e ali goza pacificado e tranquilo. O início da sabedoria, porém, é o temor do Senhor (cf. Sl 110,10; Eclo 1,16). Dele se tende e por estes degraus chega-se à sabedoria.

Os livros canônicos e os apócrifos

8.12. Mas nós, voltemos à consideração daquele terceiro degrau, do qual estabelecemos falar e tratar daquilo que o Senhor nos sugerira. Por isso, será um habilíssimo investigador das divinas Escrituras aquele que antes de mais nada as ler integralmente e as tornar conhecidas e, se ainda não com o intelecto, conhece-as, todavia, pela leitura, ao menos as que são chamadas canônicas; porque, quanto às outras, as lê com mais segurança instruído pela fé da verdade, para não acontecer que preocupem o espírito débil e, iludindo-o com perigosas mentiras e fantasias, distorçam o juízo em sentido contrário à reta compreensão. Nas Escrituras canônicas, porém, siga-se a autoridade da maior parte das Igrejas católicas, entre as quais naturalmente estão compreendidas aquelas que mereceram ser sedes apostólicas e receberam alguma carta. Por isso, em relação às Escrituras canônicas, o comportamento deve ser assim que se prefiram aqueles livros que são aceitos por todas as Igrejas católicas àqueles que algumas não aceitam. Entre aqueles que não são aceitos por todas, anteponha-se os que são aceitos por Igrejas com maior número de membros e mais importantes e não os que são aceitos por Igrejas menores e de menor autoridade. Porém, se alguns livros são aceitos por muitas Igrejas e outros pelas Igrejas mais importantes, embora o caso não seja de fácil solução, penso que se deva atribuir a todos a mesma autoridade.

Propõe-se o cânon dos livros divinos

8.13. Ora, o cânon completo das Escrituras, ao qual dizemos que se referem todas essas considerações, compõe-se dos seguintes livros: os cinco livros de Moisés, isto é, o *Gênesis*, o *Êxodo*, o *Levítico*, os *Números* e o *Deuteronômio*, e um livro de *Jesus*, filho de Nun, um livro dos *Juízes*, um livrinho chamado de *Rute*, que parece pertencer antes aos livros dos *Reis*, como seu início; depois, quatro *livros dos Reis* e dois dos *Paralipômenos*, que não são sua sequência, mas como que acrescentados ao lado e que se completam simultaneamente. Essa é a história que liga entre si os tempos e contém a ordem dos fatos. Depois existem outras narrações, como que em ordem diferente, que não respeitam esta ordem, nem se ligam umas com as outras. Assim é *Jó, Tobias, Ester, Judite*, os dois livros dos *Macabeus* e os dois de *Esdras*, que parecem seguir mais aquela história ordenada que terminou com os livros dos *Reis* e dos *Paralipômenos*. A seguir, vêm os profetas, entre os quais estão um livro de Davi, os *Salmos*, e os três de Salomão, os *Provérbios*, o *Cântico dos Cânticos* e o *Eclesiastes*. Pois os outros dois livros, um intitulado a *Sabedoria* e o outro o *Eclesiástico*, por uma certa semelhança são atribuídos a Salomão, embora, com muita constância, se assegura que teriam sido escritos por Jesus, filho de Sirac (cf. *Retract.* 2, 4, 2.). Porém, porque a eles foi atribuída uma autoridade, devem ser enumerados entre os livros proféticos. Os livros que restam foram propriamente chamados de profetas. E os nomes desses profetas são os seguintes. *Oseias, Joel, Amós, Abdias, Jonas, Miqueias, Naum, Habacuc, Sofonias, Ageu, Zacarias, Malaquias.* Depois vêm os quatro profetas que escreveram livros mais volumosos: *Isaías, Jeremias, Daniel* e *Ezequiel*. Com estes quarenta e quatro livros conclui-se a autoridade do Antigo Testamento (*ibidem*). Compõem o Novo Testamento, os quatro livros do Evangelho: *segundo Mateus, segundo Marcos, segundo Lucas, segundo João*; catorze Epístolas do Apóstolo Paulo: aos *Romanos*, duas aos *Coríntios*, aos *Gálatas*, aos *Efésios*, aos *Filipenses*, duas aos *Tessalonicenses*, aos *Colossen*-

ses, duas a *Timóteo*, a *Tito*, a *Filemon*, aos *Hebreus*; duas cartas de Pedro; três cartas de João; uma de Judas e uma de Tiago; um livro dos *Atos dos Apóstolos* e um livro do *Apocalipse* de João.

Razão para ocupar-se com o estudo da Escritura

9.14. Em todos esses livros, os que temem a Deus e os que são mansos pela piedade buscam a vontade de Deus. A primeira observação dessa obra e trabalho é, como dissemos, conhecer estes livros, mesmo que ainda não pelo intelecto, todavia, lendo-os ou confiá-los à memória ou absolutamente não os ter por desconhecidos. Depois as coisas que neles são expostas abertamente, quer se trate de preceitos de vida ou de normas de fé, devem ser investigadas com mais esforço e diligência. E estas, tanto mais alguém encontra, quanto maior for sua capacidade de compreensão. Com efeito, entre as coisas que na Escritura são expostas abertamente estão todas aquelas que têm por conteúdo a fé e a conduta de vida, isto é, a esperança e a caridade, das quais tratamos no livro precedente. Então, quando se conseguiu uma certa familiaridade com a própria língua das Sagradas Escrituras, deve-se continuar a descobrir e a examinar aquilo que nelas é obscuro, a fim de que para ilustrar as expressões mais obscuras se tomem exemplos de passagens mais acessíveis, de modo que os testemunhos das passagens certas, mesmo que limitadas em número, tirem a dúvida das passagens incertas. Nesse trabalho, a memória ajuda muitíssimo; e se essa faltar, não podemos dá-la com estes preceitos.

Muitas vezes a Escritura não é entendida por causa dos sinais

10.15. Ora, há duas causas pelas quais não se compreendem as coisas que estão escritas: se são obscuras por sinais desconhecidos ou por sinais ambíguos. Mas os sinais, ou são próprios ou são figurados. Chamam-se sinais próprios aqueles que se usam para indicar as coisas para as quais foram estabelecidos. Assim, quando dizemos boi entendemos o animal, que todos os homens que conosco falam a língua latina, chamam por esse nome. São sinais figurados aqueles nos quais as coisas que indicamos com um termo próprio são usadas para indicar algo diferente. Assim, quando dizemos boi, com esta palavra entendemos o animal que se costuma chamar com esse nome, mas também com essa palavra entendemos o Evangelista, ao qual alude a Escritura, segundo a interpretação do apóstolo, que diz: *Não atarás boca do boi que debulha* (1Cor 9,9).

Para suprimir a ignorância dos sinais, é necessário o conhecimento das línguas, sobretudo do grego e do hebraico

11.16. Contra o desconhecimento dos sinais próprios, um grande remédio é o conhecimento das línguas. E as pessoas de língua latina, às quais agora dirigimos a instrução, para conhecer as divinas Escrituras têm necessidade de outras duas línguas, isto é, o hebraico e o grego, a fim de recorrer a textos anteriores, se a quantidade de traduções latinas, que já é quase infinita e rica de variantes, apresentar dúvidas. Embora, muitas vezes, encontremos nos livros também palavras hebraicas que não foram traduzidas, como *Amém*, *Aleluia*, *Raca*, *Hosana* e outras mais. De algumas delas, embora pudessem ser traduzidas, conservou-se a antiguidade, por causa de sua autoridade mais santa, como são *Amém* e *Aleluia*; de outras, porém, diz-se que não podem ser traduzidas para outras línguas, como acontece com as outras duas que pusemos como exemplo. Com efeito, em determinadas línguas existem palavras que não podem entrar no uso de outras línguas mediante uma tradução. E isso acontece sobretudo com interjeições que, embora sejam uma só palavra, expressam antes um movimento do espírito do que uma parte da frase concebida na mente. Também isso se refere a estas duas palavras; de fato, dizem que *Raca* expressa alguém indignado, *Hosana*, alguém alegre. Mas não é por estas poucas palavras, que é muito fácil notar e investigar, mas por causa da diversidade dos tradutores, como foi dito, que é necessário o conhecimento dessas línguas. Na verdade, podem ser enumerados aqueles que traduziram as Escrituras do hebraico para o grego, mas é impossível enumerar os tradutores latinos. Afinal, desde os primeiros tempos da fé, assim que alguém chegava a possuir um códice grego e pensava possuir algum conhecimento de uma e de outra língua, ousava traduzir.

*A diversidade de tradutores é útil. Da ambiguidade
das palavras aconteceu o erro do tradutor*

12.17. A diversidade de tradutores mais aju-
dou do que impediu a compreensão, contanto que
os que lerem não sejam negligentes. Pois, muitas
vezes, o exame de muitos códices esclareceu algumas frases mais obscuras, como o texto do Profeta
Isaías, já que um tradutor diz: *E não desprezarás
os membros de tua casa* (Is 58,7, segundo a LXX);
enquanto outro diz: *E não desprezarás a tua carne*
(Is 58,7, Vulgata); ambos se confirmam mutuamente. Na realidade, um se esclarece mediante
o outro, pois o termo *carne* poderia ser tomado
em sentido próprio, isto é, no sentido que alguém
deveria considerar-se advertido a não desprezar o
próprio corpo, enquanto *os membros de tua casa*,
em sentido figurado, poderiam ser os cristãos,
espiritualmente nascidos da mesma semente da
palavra. Agora, porém, confrontado o sentido dos
tradutores, o pensamento mais provável que nos
ocorre é que se trata propriamente do preceito de
não desprezar os consanguíneos, porque confron-
tados os *membros da casa* com a *carne* ocorrem-nos
sobretudo os consanguíneos. Do mesmo sentido,
penso, deve ser aquilo que diz o apóstolo: *Se de algum modo eu puder provocar à emulação os de minha
carne para salvar alguns deles* (Rm 11,14), isto é,
invejando aqueles que haviam crido, eles também
acreditassem. Com efeito, chama de sua carne os
Judeus, por causa da consanguinidade. Igual é
o dito do mesmo Isaías: *Se não crerdes, não compreendereis* (Is 7,9, segundo a LXX), que ou-

tro tradutor tem: *Se não crerdes, não permanecereis* (Is 7,9, segundo a Vulgata). Quem desses dois teria traduzido a palavra corretamente é incerto, se não se lerem os textos na língua precedente. Contudo, para os que lerem conscientemente, de ambos os textos aparece um grande significado. De fato, é difícil que dois tradutores difiram tanto entre si que não se toquem em alguma proximidade. Portanto, já que o intelecto pertence à visão sempiterna, a fé, porém, nutre os pequenos como que com leite em alguns berços das coisas temporais. Agora, porém, caminhamos pela fé, não pela visão (cf. 2Cor 5,7); mas se não caminharmos pela fé, não podemos chegar à visão, que não é transitória, mas permanece, quando nós aderirmos à verdade por um intelecto purificado. Por isso, um diz: *Se não crerdes, não permanecereis,* o outro, porém: *Se não crerdes, não compreendereis.*

Exemplos pelos quais se manifesta a necessidade do conhecimento das línguas

12.18. O tradutor engana-se, sobretudo, pela ambiguidade da língua precedente e, por não conhecer bem uma expressão, ele a traduz dando-lhe um sentido totalmente alheio ao significado que foi dado pelo escritor. Assim, alguns códices trazem: *Seus pés são afiados para derramar sangue* (Sl 13,3, segundo a LXX); mas, ὀχύς, em grego, significa tanto afiado, quanto veloz. Portanto, entendeu bem a frase quem traduziu: *Velozes são os pés para derramar sangue* (Sl 13,3, segundo a Vulgata); o outro, porém, errou, levado para outra direção por uma palavra de duplo sentido. Outras traduções não são somente obscuras, mas falsas. A situação delas é diferente: tais códices não devem ser compreendidos, mas antes deve-se ordenar que sejam corrigidos. Um desses casos é este: μόσχος, em grego, significa *bezerro*, e alguns não entenderam que μοσχεύματα significa *plantações* e traduziram por *rebanhos*. Este erro difundiu--se em tantos códices, que quase não se encontra um com outra palavra. E, no entanto, o sentido é claríssimo, que é esclarecido pelas palavras seguintes. Realmente: *As plantações bastardas não lançarão raízes profundas* (Sb 4,3, segundo a LXX), diz-se muito mais convenientemente do que *rebanhos*, que caminham por terra com os pés e não lançam raízes. Naquela passagem, também outros contextos conservaram a mesma tradução.

No uso da língua latina, se alguém entender a coisa, sigam-se as palavras

13.19. Mas porque muitos tradutores tentam interpretar conforme sua própria capacidade e juízo, não aparece qual seja o sentido da frase se não se consultar a língua da qual traduzem, e, na maioria das vezes, o tradutor se afasta do sentido do autor, a não ser que seja muito douto; então, ou se deve exigir o conhecimento daquelas línguas das quais a Escritura veio para o latim, ou se deve ter as traduções daqueles que se mantiveram escrupulosamente fiéis às palavras, não porque sejam suficientes, mas para que por elas se descubra a liberdade ou o erro dos outros que, ao traduzir, preferiram não se ater tanto às palavras quanto às frases. Pois, com frequência, traduzem-se não só palavras, mas também frases inteiras que absolutamente não podem ser toleradas no uso da língua latina, ao menos se alguém quer conservar o costume dos antigos que falavam latim. Às vezes, essas traduções em nada prejudicam a compreensão, mas ofendem aqueles que mais se deleitam com as coisas quando virem que também nos seus sinais é observada a sua integridade. Pois aquilo que se chama solecismo nada mais é senão a união de palavras feita não segundo a lei pela qual as uniram aqueles que, não sem alguma autoridade, falaram antes de nós. Assim, não compete ao conhecedor das coisas se alguém diz *entre os homens*, ou *entre homens*. Igualmente, o barbarismo, que outra coisa é senão uma palavra pronunciada com aquelas letras ou som pelo qual costuma ser pronunciada por aqueles que falaram latim antes de nós? Assim o verbo *ignoscere* (= perdoar), aquele que pede a Deus perdão dos próprios pecados pouco se interessa se a terceira sílaba deve ser pronunciada de forma longa ou breve, seja qual for o modo segundo o qual aquele verbo pode soar. O que é, portanto, a integridade da locução senão a conservação do costume alheio, confirmada pela autoridade dos antigos que falaram?

Não devemos sujeitar-nos à língua dos autores profanos

13.20. Todavia, quanto mais os homens se magoam, tanto mais fracos são e quanto mais fracos forem, tanto mais desejam ser considerados doutos, não daquela ciência pela qual somos edificados, mas da ciência dos sinais, pela qual não é absolutamente difícil encher-se de soberba, já que muitas vezes tal ciência faz erguer-se a cabeça, a menos que a abaixe o jugo do Senhor. Que mal faz a quem compreende que assim esteja escrito: *Que terra é essa na qual os que habitam nela, perguntam se é boa ou ruim? E como são as cidades nas quais habitam nelas?* (Nm 13,19, segundo a LXX). Penso que esta maneira de falar pertença mais a uma língua estrangeira do que contenha algo de profundo. Além disso, existe aquela outra passagem, que já não podemos tirar da boca de quem canta: *Super ipsum autem floriet sanctificatio mea* (= *Sobre ele florescerá a minha santificação*) (Sl 131,18), na qual o termo *floriet* posto em lugar de *florebit*, em nada prejudica o sentido da frase. Embora o ouvinte mais douto preferiria que a palavra fosse corrigida e se dissesse: *florebit* e não *floriet*; correção que nada impediria que fosse feita, a não ser o hábito dos cantôres. Por outro lado, facilmente tais coisas poderiam ser desprezadas, se alguém não quiser evitá-las, pois, afinal, em nada prejudicam a compreensão. Porém, diferente é o caso onde o apóstolo diz: *O que é loucura em Deus, é mais sábio do que os homens, e o que é franqueza em Deus, é mais forte do que os homens* (1Cor 1,25). Se nisso alguém quisesse conservar a forma da expressão grega e tivesse dito: Aquilo que é louco de Deus é mais sábio do que os homens e aquilo que é fraco de Deus, é mais forte do que os homens, a atenção do leitor atento, teria ido ao encontro da verdade da frase, mas alguém menos inteligente ou não teria compreendido nada ou teria compreendido mal. De fato, em latim, tal expressão não seria apenas viciada, mas também cairia em ambiguidade, como se um homem louco ou um homem fraco, parecesse ser mais sábio ou mais forte do que Deus. Embora a expressão: é mais sábio para os homens, não contém ambiguidade, mas contenha solecismo. Contudo, pela luz que provém de toda a frase, não fica claro se para os homens foi dito derivando-o de a este homem, ou derivando-o de deste homem. Por isso, é melhor dizer: É mais sábio do que os homens e é mais forte do que os homens.

O conhecimento deve ser tirado de palavra e de locução desconhecidas

14.21. Mais adiante falaremos dos sinais ambíguos; por ora, vamos tratar dos sinais desconhecidos que, em relação às palavras, são de duas formas. Ora, o que faz o leitor parar ou é uma palavra desconhecida ou uma locução desconhecida. Estas, se derivam de línguas estrangeiras, é preciso interrogar pessoas que falam aquelas línguas ou, quando se tem tempo e inteligência, é necessário aprender tais línguas ou consultar alguns tradutores, confrontando-os entre si. Porém, se desconhecemos certas palavras ou locuções de nossa própria língua, é preciso torná-las conhecidas pelo hábito de ler ou de ouvir. Na verdade, nada é mais necessário aprender de cor do que aquele tipo de palavras ou frases que não conhecemos, para que, se acontecer de encontrarmos uma pessoa mais instruída do que nós, possamos perguntar-lhe aquilo que não sabemos; ou pode acontecer que, com frequência, o próprio texto mostre, por aquilo que precede ou por aquilo que segue ou por ambos os contextos, qual é o alcance ou o que significa aquilo que ignoramos. Assim, com o auxílio da memória facilmente poderemos decifrá-lo e aprendê-lo. Todavia, tanta é a força do hábito também no aprender, que pessoas nutridas e educadas nas Santas Escrituras se espantam diante de certas expressões de uso profano e as considerem menos latinas do que aquelas que aprenderam nas Escrituras e que não se encontram nos escritores latinos. Nesse campo, ajuda muitíssimo também o número dos tradutores, se controlarmos e examinarmos os códices entre si. De qualquer forma, não pode haver falsidade; por isso, o primeiro cuidado daqueles que desejam conhecer as divinas Escrituras deve ser o de corrigir os códices, para que aqueles que não foram emendados cedam o lugar aos que foram emendados, e que provenham exclusivamente de uma única família de tradutores.

Recomenda-se a versão latina Ítala e a grega dos Setenta tradutores

15.22. Entre as próprias traduções, prefira-se a Ítala às outras, pois é mais aderente às palavras e mais perspicaz no pensamento. E para emendar qualquer texto latino recorra-se aos textos gregos, entre os quais, em relação ao Antigo Testamento, a versão dos Setenta supera a todos em autoridade (cf. *De civ. Dei* 18,43). A propósito desses tradutores, entre todas as Igrejas mais competentes diz-se que tenham traduzido por tal força e presença do Espírito Santo que, apesar de serem tão numerosos, uma só foi a voz daqueles homens. E diz-se também – e são muitos e merecedores de fé os que o afirmam – que tenham traduzido separadamente, cada um na sua própria cela; no entanto, no códice de nenhum deles encontrou-se algo que não estivesse nos outros, expresso com as mesmas palavras e a mesma sucessão de palavras. Quem ousaria, não digo preferir, mas até comparar qualquer outra versão a uma tão autorizada? Mas se trabalharam juntos, de modo que foi uma só voz de todos na investigação e no parecer comum, nem assim é necessário ou conveniente que um só tradutor, por mais perito que seja, pretenda emendar aquilo que de acordo disseram tantos e tão antigos personagens. Por isso, mesmo que nos códices hebraicos se encontrasse algo diferente daquilo que estes disseram, creio que seja necessário aceitar o plano divino que se realizou por meio deles. De modo que aqueles livros que o povo judaico, quer por apego religioso, quer por inveja, não queria entregar a outros povos, a graça do Senhor, antecipadamente, mediante o poder do Rei Ptolomeu, quis dar a conhecer às nações que haveriam de crer. Portanto, pode ter acontecido que eles tenham traduzido da forma que aquele Espírito Santo, que neles agia, julgou ser oportuno aos povos e fez que todos tivessem uma só boca. Todavia, conforme disse acima, muitas vezes também não é inútil o confronto para explicar o sentido da frase desses tradutores que aderiram fortemente às palavras. Portanto, como havia começado a dizer, os códices latinos do Antigo Testamento, se for necessário, devem ser corrigidos pela autoridade dos códices gregos e, entre eles, especialmente aqueles que, sendo *Setenta*, segundo nos transmitiram, foram traduzidos com uma só voz. Os livros do Novo Testamento, porém, se algo é incerto na variedade dos textos latinos, não há dúvida que devam ceder aos textos gregos, sobretudo aqueles em uso nas Igrejas mais instruídas e mais cuidadosas.

Para que os sinais figurados sejam entendidos, ajuda tanto o conhecimento das línguas quanto das coisas

16.23. Quanto aos sinais figurados, porém, se por acaso algum for desconhecido e obrigar o leitor a parar, devem ser investigados em parte pelo conhecimento das línguas, em parte pela natureza das coisas. Com efeito, pode ser que alguma coisa tenha valor figurado; e, sem dúvida, a piscina de Siloé, onde o Senhor mandou lavar o rosto aquele ao qual passou lodo feito com saliva (cf. Jo 9,7), ensina algum segredo. Todavia, sendo o nome numa língua desconhecida, se o Evangelista não o tivesse traduzido, um significado tão importante teria ficado desconhecido. Assim acontece com muitos nomes hebraicos que não foram traduzidos pelos autores dos próprios livros.

Não há dúvida de que se alguém conseguir traduzi-los seria uma não pequena força e ajuda para resolver os enigmas das Escrituras. Efetivamente, prestaram aos pósteros uma não pequena ajuda aqueles homens que, peritos em língua hebraica, traduziram todos aqueles nomes, destacando-os do contexto natural; assim, disseram-nos o que significa Adão, Eva, Abraão, Moisés, ou também os nomes dos lugares, como Jerusalém, Sião, Jericó, Sinai, Líbano, Jordão e ainda muitos outros nomes daquela língua, que teriam permanecido desconhecidos. Explicados e traduzidos aqueles nomes, tornaram-se claras muitas locuções figuradas contidas nas Escrituras.

Com exemplos, aclara-se o uso de locuções figuradas

16.24. A ignorância das coisas, porém, torna obscuras a locuções figuradas, quando ignoramos a natureza dos animais, das pedras, das ervas ou de qualquer outra coisa que, muitas vezes, nas Escrituras são mencionadas como semelhança de algo. Assim é o conhecido ato da serpente, que apresenta todo corpo aos que querem feri-la na cabeça; isso esclarece o sentido daquilo que diz o Senhor quando ordena que sejamos prudentes como as serpentes (cf. Mt 10,16), isto é, que em lugar da nossa cabeça, que é Cristo (cf. Ef 4,15), ofereçamos antes o nosso corpo aos que nos perseguem, para que, de certo modo, em nós não seja morta a fé cristã se, para pouparmos o corpo, negamos a Deus. Ou aquilo que se diz da serpente, que apertada pela estreiteza da caverna depôs a velha pele para receber uma nova, quanto nos estimula a imitar sua esperteza, porque, como diz o apóstolo, despimo-nos do velho homem e nos revestimos do novo (cf. Ef 4,22-24; Cl 3,9-10); e despojando-nos pelas estreitezas, conforme diz o Senhor: *Entrai pela porta estreita* (Mt 7,13). Portanto, como o conhecimento da natureza da serpente mostra muitas semelhanças que a Escritura costuma trazer desse animal, assim o desconhecimento de alguns animais, recordados não menos pela serpente por semelhanças, dificulta muitíssimo quem quer compreender a Escritura. Assim é [por ignorância] das pedras, das ervas e de tudo o que é sustentado por raízes. Pois também o conhecimento do carbúnculo, que brilha nas trevas, ilumina muitas coisas dos livros, onde quer que por semelhança seja posto e o desconhecimento do berilo ou do diamante, por vezes, fecha a porta da compreensão. E é também fácil de compreender que a paz permanente seja simbolizada no raminho de oliveira que a pomba trouxe para a arca no seu regresso (cf. Gn 8,14), porque sabemos que o óleo, ainda que suave, se toca outro líquido não se altera e a própria árvore está perenemente coberta de folhas. Porém, por não conhecerem o hissopo, muitos não sabem que força ele tem, quer para limpar o pulmão, quer, segundo dizem, para conseguir penetrar a rocha com suas raízes, embora seja uma erva tão baixa e tão pequena. Por isso, não conseguem encontrar o motivo pelo qual se diz: *Asperges-me com o hissopo, e serei purificado* (Sl 50,9).

Ignorado o simbolismo dos números, fecha-se o acesso a muitos mistérios das Escrituras

16.25. Também a ignorância dos números faz que não se compreendam muitas coisas postas nas Escrituras de forma figurada ou simbólica. Uma mente, que eu chamaria nobre, não pode deixar de perguntar sobre o significado do fato de Moisés, Elias e o próprio Senhor terem jejuado durante quarenta dias (cf. Ex 24,18; 1Rs 19,8; Mt 4,2). Esse fato comporta um conjunto de símbolos que não se desfaz senão mediante o conhecimento e a consideração desse número. Com efeito, nele o número dez está contido quatro vezes, como se estivesse inserido nos tempos o conhecimento de todas as coisas. De fato, o curso do dia e do ano desenvolve-se no número quatro: o dia segundo os espaços horários que constituem a manhã, o meio-dia, a tarde e a noite; o ano segundo os meses da primavera, do verão, do outono e do inverno. Ora, enquanto vivemos nos tempos, devemos abster-nos e jejuar do prazer dos tempos em vista da eternidade na qual queremos ter a vida, embora pelo próprio fluir do tempo nos seja oferecido o ensinamento do desprezo das coisas temporais e do desejo ardente das coisas eternas. Mas quanto ao número dez, esse nos inculta simbolicamente o conhecimento do Criador e da criatura; de fato, o ser trino é próprio do Criador, enquanto o sete indica a criatura por causa da vida e do corpo. Na vida são três, por isso também deve-se amar a Deus de todo o coração, de toda a alma e de toda a mente (cf. Mt 22,37); no corpo, porém, aparecem de modo claríssimo os quatro elementos de que consta. Nesse número dez, apresentado a nós na perspectiva temporal, enquanto é multiplicado por quatro, dá a ordem de viver em castidade e continência, separados dos prazeres temporais, que seria jejuar por quarenta dias. A isso nos admoesta a lei, representada pela pessoa de Moisés, a isso nos admoestam também os profetas, representados por Elias, a isso nos admoesta o próprio Senhor nosso que, como se recebesse o testemunho da Lei e dos profetas, resplandeceu sobre o monte entre eles e os três discípulos que o olhavam espantados (cf. Mt 17,1-4; Mc 9,2-6). Depois, busca-se como do número quarenta se forma o cinquenta, número altamente sagrado na nossa religião por causa de Pentecostes (cf. At 2,1ss.). Esse número, multiplicado por três, por causa dos três períodos: antes da lei, sob a lei e sob a graça, ou por causa do nome do Pai, do Filho e do Espírito Santo, com um acréscimo eminentíssimo, isto é, da própria Trindade, refere-se ao mistério da Igreja, quando será perfeitamente purificada. Então, chegar-se-á àqueles cento e cinquenta e três peixes, apanhados pelas redes lançadas à direita na pesca depois da ressurreição do Senhor (cf. Jo 21,6-11). Assim, em muitíssimas outras formas de números, algumas misteriosas representações são postas nos santos Livros, formas que estão fechadas aos leitores por causa de ignorância dos números.

Número e música honrosamente postos nas Escrituras

16. 26. Também a ignorância de algumas realidades musicais fecha e esconde não poucas coisas. Pois, partindo da diferença entre o saltério e a cítara, alguém descobriu, não sem arte, alguns simbolismos das coisas. E o saltério de dez cordas (cf. Sl 32,2; 91,4), não sem critérios, indaga-se entre os doutos se há alguma lei da música que exige tão elevado número de cordas, ou então, se não há, por isso mesmo, o número deva ser tomado antes com valor sagrado, que poderia derivar da relação com o decálogo da lei, cujo número, se quisermos fazer pesquisas, não se deve referir a outros senão ao Criador e à criatura, ou ao próprio número dez, como foi exposto acima. E o número de anos da edificação do templo, que é referido no Evangelho (cf. Jo 2,20), isto é, quarenta e seis anos, não sei o que tenha de musical e, relacionado ao edifício do corpo do Senhor, em vista do qual se faz menção do templo, o número obriga certos hereges a confessar que o Filho de Deus não se revestiu de um corpo fictício, mas de um corpo verdadeiro e humano. Efetivamente, encontramos que o número e a música são postos honrosamente em várias passagens das santas Escrituras.

Origem da fábula das nove Musas, conforme é narrado por Varrão

17.27. Com efeito, não devem ser ouvidos os erros das superstições dos Pagãos, que supuseram serem as nove Musas filhas de

Júpiter e da Memória. Refuta-os Varrão, do qual não sei se entre eles existe um homem mais sábio e mais investigador de tais coisas. De fato, diz ele que uma cidade, não sei qual, pois não me recordo o nome, teria encomendado a três artistas três imagens das Musas, que deviam ser postas como dom no templo de Apolo e seriam escolhidas e compradas as estátuas do artista que as fizesse mais bonitas. Ora, aconteceu que os três artistas apresentaram suas obras igualmente belas e as nove imagens agradaram à cidade e todas foram compradas para serem postas no templo de Apolo. E diz que, mais tarde o poeta Hesíodo deu a elas um nome. Portanto, não foi Júpiter quem gerou as nove Musas, mas três artistas, que criaram, cada um, três imagens. Quanto àquela cidade, encomendou três imagens não porque alguém as tivesse visto assim em sonho, ou porque elas mesmas tivessem mostrado aos olhos de alguém que eram em tal número, mas porque era fácil observar que qualquer som, que é a matéria das canções, por sua natureza apresenta-se de forma tríplice. De fato, o som, ou é emitido pela voz, como quando, sem instrumento, canta-se com a garganta, ou pelo sopro, como acontece nas trombetas ou nas flautas, ou por percussão, como nas cítaras ou nos tambores e em todos os outros instrumentos que emitem sons quando são percutidos.

Se os pagãos disseram algo bom, não deve ser rejeitado

18.28. Mas, quer seja como relatou Varrão, quer não, por causa das superstições dos pagãos nós não devemos fugir da música, se dela pudermos tirar algo útil para compreender as santas Escrituras; nem devemos reparar em suas banalidades teatrais quando tratamos das cítaras e dos instrumentos musicais que nos servem para compreender as coisas espirituais. De fato, não devemos aprender as letras porque dizem que seu inventor foi Mercúrio, ou porque dedicaram templos à Justiça e à Virtude e preferiram adorar na pedra aquilo que seria necessário guardar no coração, nem por isso devemos fugir da justiça e da virtude. E até, qualquer cristão bom e verdadeiro, onde quer que encontre a verdade, compreende que pertence a seu Senhor e, confrontando-a e reconhecendo-a, repudie também nos livros sagrados os elementos supersticiosos ali induzidos, doa-se e cuide *porque os homens, tendo conhecido a Deus, não o glorificaram como Deus nem lhe deram graças, mas desvaneceram-se em seus pensamentos e se obscureceu seu louco coração; dizendo-se, porém, serem sábios, tornaram-se insensatos e trocaram a glória do Deus incorruptível pela imagem falsa do homem corruptível, ou dos pássaros, ou dos quadrúpedes, ou das serpentes* (Rm 1,21-23).

Dois tipos de doutrinas encontram-se entre os pagãos

19.29. Mas toda esta passagem, sendo sumamente necessária, devemos explicá-la com mais diligência; existem dois tipos de doutrinas, que entre os Pagãos são praticadas também nos costumes: uma compreende as coisas instituídas pelos homens, a outra, as coisas que, como eles próprios notaram, já se realizaram e foram instituídas por Deus. Ora, aquilo que é de instituição dos homens, em parte é supersticioso, em parte não é.

O vazio e a malícia da superstição

20.30. Supersticioso é tudo aquilo que foi inventado pelos homens para fabricar e cultuar os ídolos, e que compreende venerar como Deus a criatura ou alguma parte da criatura ou aquilo que fazem para consultar e fazer pactos com os demônios por meio de sinais combinados e adotados, como são os artifícios das artes mágicas, coisas que os poetas costumam recordar mais do que ensinar. Do mesmo gênero, embora com uma vacuidade quase mais licenciosa, são os livros dos arúspices e dos agoureiros. Nessa categoria entram também os amuletos e os remédios condenados pela própria disciplina dos médicos, que consistem em encantamentos ou em certos sinais chamados sinetes ou em algumas coisas penduradas ou ligadas a si ou, também, de alguma forma, fazê-los saltar, não para treinamento dos corpos, mas para significar coisas ocultas ou também manifestas, que mais brandamente chamam de realidades físicas, como que para não indicar uma superstição, mas ajudam por sua natureza, como são os brincos colocados na ponta de cada orelha, ou os anéis de osso de avestruz nos dedos, ou quando tens soluço te mandam segurar com a mão direita o polegar da mão esquerda.

A tolice da superstição deve ser ridicularizada.
Espirituoso dito de Catão

20.31. A estas superstições acrescentam-se milhares de futilíssimas práticas; por exemplo, se um membro palpita, ou quando dois amigos caminham juntos e uma pedra, um cão ou uma criança se puserem entre eles. O ato de chutar a pedra, como se esta tivesse o poder de cortar a amizade, é menos nocivo do que dar uma bofetada num menino inocente que corre entre os caminhantes. O belo, porém, é quando os cães vingam as crianças. Pois, muitas vezes alguns são tão supersticiosos que ousam bater também no cão que passou no meio deles; mas não faz isso impunemente, pois logo o cão manda quem o bateu do vão remédio para o verdadeiro médico. Daí também surgem outras mil superstições: pisar o limitar da porta quando passa diante da própria casa; voltar para a cama se espirrar enquanto calça os sapatos; voltar para casa se, ao caminhar, tropeça; quando os ratos roem a veste, tremer mais pela desconfiança de um mal futuro do que lamentar-se pelo dano sofrido. Daí que é muito fino o dito de Catão quando foi consultado por alguém que lhe dizia terem os ratos roído os seus sapatos. Respondeu que isso não seria um prodígio, mas que teríamos um verdadeiro prodígio se os ratos fossem roídos pelos sapatos.

A superstição dos astrólogos é claro sinal de demência

21.32. Nem se deve distinguir deste gênero de perniciosa superstição aqueles tipos que se chamam genetlíacos, por causa das considerações dos dias do nascimento, que hoje vulgarmente se chamam astrólogos. Pois, também estes, embora procurem a verdadeira posição das estrelas quando alguém nasce e, por vezes, também acertam, todavia, erram demais quando daí procuram predizer as nossas ações ou os eventos conexos com tais ações, vendendo a homens inexperientes uma miserável escravidão. Pois alguém que livremente for para semelhante astrólogo, paga para sair de lá escravo de Marte ou de Vênus, ou melhor, de todas as estrelas às quais os primeiros que erraram e transmitiram o erro aos pósteros, deram o nome de algum animal, por causa da semelhança, ou de algum homem para honrar os próprios homens. Realmente, não causa admiração se também nos últimos e mais recentes tempos, os Romanos tenham tentado prestar culto à estrela chamada "estrela da manhã" e dar-lhe o nome de César e, talvez, assim fosse e assim seria na posteridade, a não ser que Vênus, sua avó, já não tivesse tomado posse desse nome e, por nenhum direito, passara aos herdeiros aquilo que, quando viva, jamais possuíra nem pedira para possuir. Pois onde um lugar estava vago e não era ligado por honra a algum dos primeiros mortos, foi feito aquilo que em tais coisas costuma-se fazer. Assim, para o Quinto e o Sexto mês, damos o nome de julho e de agosto, nomes para honrar Júlio César e César Augusto, para que, quem quiser, possa facilmente compreender que aquelas estrelas cumpriram seus giros no céu também quando não tinham os nomes que têm agora. Porém, quanto aos mortos, dos quais os homens foram obrigados pelo poder real a honrar a memória, ou agradou à vaidade humana, ao impor seus nomes às estrelas, parecia que queriam elevar ao céu aqueles que morriam ali entre eles. Porém, seja qual for o nome que os homens lhes deem, são sempre astros criados por Deus e por ele organizados como quis e existe um certo movimento deles pelo qual se distinguem e variam os tempos. Determinar a que ponto se encontra este movimento quando nasce cada homem, estabelecendo a respectiva relação, é coisa fácil pelas suas regras descobertas e postas por escrito, que a santa Escritura condena, quando diz: *Se tiveram condições de saber o suficiente para investigar o universo, como não encontraram mais rapidamente o Senhor do mundo?* (Sb 13,9).

A observação dos astros para conhecer a ordem da vida é um grande erro

22.33. Porém, querer predizer os costumes, os atos e os acontecimentos daqueles que nascem mediante tal investigação é um grave erro e uma grande loucura. E, na verdade, tal superstição é, sem dúvida alguma, reprovada por aqueles que aprenderam a desaprendê-la. Com efeito, aquelas que eles chamam de constelações são a descrição das estrelas, como se encontravam quando nascia aquele do qual esses miseráveis são consultados por outros mais miseráveis. Ora, pode acontecer que alguns gêmeos saíam do útero num espaço de tempo tão curto que, entre eles, não se podia computar algum intervalo para anotar com os números das constelações. Donde é necessário que alguns gêmeos tenham as mesmas constelações, e depois não tenham idênticos acontecimentos nas coisas que fazem ou sofrem, mas, na maioria das vezes, são de tal modo diversificados que um vive felicíssimo e outro muito infeliz, como aconteceu com Esaú e Jacó, que sabemos terem nascido gêmeos e tão próximos, de modo que Jacó, que nasceu depois, segurava com a mão o pé do irmão que nascia por primeiro (cf. Gn 25,25). Certamente, não se pode precisar o dia e a hora do nascimento desses dois, a não ser que para ambos se anote a mesma constelação. Todavia, a Escritura é testemunha da diversidade de costumes, de acontecimentos, de trabalhos e de sucessos de um e de outro, e isso já passou pela boca de todos os Povos.

Também são vãos os sinais humanos induzidos
pela presunção

22.34. Nem é absolutamente pertinente aquilo que dizem, que a fracção de tempo, por mínima e curtíssima que seja, que separa o parto dos gêmeos vale muito na natureza das coisas inclusive pela rapidíssima velocidade dos corpos celestes. Ora, mesmo concedendo que isso vale muito, todavia não pode ser encontrado pelo matemático nas constelações, já que pelo exame delas ele confessa predizer os acontecimentos. Portanto, aquilo que não encontra nas constelações, pois encontra apenas uma, deve aplicá-lo a Jacó e a seu irmão, de que lhe adianta se dista no céu, que ele com segurança difama, mas não dista na tabela que ansioso inutilmente consulta? Portanto, também estas opiniões, baseadas em certos sinais reais achados pela presunção humana, deveriam quase ser computadas entre os fatos e convenções com os demônios.

Muitas vezes, o demônio engana o homem pelo homem

23.35. Daí, porém, por um oculto desígnio divino, decorre que, desejosos de coisas más, os homens sejam entregues a ilusões e enganos segundo os méritos de suas vontades, sendo iludidos e enganados pelos anjos prevaricadores, aos quais, segundo uma belíssima ordem das coisas, por uma lei da Divina Providência, está sujeita a mais baixa parte do mundo. Por causa das ilusões e enganos acontece que, mediante estes supersticiosos e perniciosos tipos de adivinhações, sejam reveladas muitas coisas passadas e futuras, e não acontecem diferentemente do que são ditas. E muitas coisas ainda acontecem aos observadores segundo suas observações, de modo que, embaraçados se tornam mais curiosos e sejam sempre mais presos nos múltiplos laços de seu perniciosíssimo erro. Esta é uma espécie de fornicação da alma da qual salutarmente a divina Escrituras não quis calar, nem dela afastou a alma para que fugisse de segui-la por causa da falsidade que dizem aqueles que a praticam, mas também diz: *Se vos disserem, e assim acontecer, não creiais neles* (Dt 13,2-3).

Com efeito, não é porque a imagem do falecido Samuel preconizou ao Rei Saul coisas verdadeiras (cf. 1Sm 28,14-20; Eclo 46,23) que devem ser mais execrados tais sacrilégios pelos quais aquela imagem foi apresentada, ou porque, nos Atos dos Apóstolos, a mulher ventríloqua deu um verdadeiro testemunho aos Apóstolos do Senhor, que Paulo não poupou aquele espírito, antes purificou a mulher, corrigindo e expulsando o demônio (cf. At 16,16-18).

Deus tolera a pestilenta sociedade dos homens
e dos demônios

23.36. Por isso, todos os artifícios dessas frívolas e nocivas superstições, que derivam de uma espécie de pestilenta sociedade dos homens e dos demônios, como se fosse celebrada uma infiel e enganosa amizade, devem ser absolutamente rejeitados e evitados pelo Cristão. Diz o apóstolo: *Não digo que o ídolo seja alguma coisa; mas digo que as coisas que os gentios sacrificam, sacrificam-nas aos demônios e não a Deus. E não quero que vós tenhais sociedade com os demônios* (1Cor 10,19-20). Ora, aquilo que o apóstolo disse dos ídolos e dos sacrifícios que eram oferecidos em sua honra, o mesmo deve-se pensar de todos os sinais imaginários que levam ou ao culto dos ídolos ou a venerar como Deus o mundo criado ou alguma parte dele, como também de todas as coisas que têm relação com os remédios e outras observâncias. Todas as coisas que não são instituídas como forma pública para o amor de Deus e do próximo, mas para os privados desejos das coisas temporais, dissipam os corações dos miseráveis. Portanto, em todas essas doutrinas deve-se temer e evitar a sociedade com os demônios, os quais, com seu príncipe, o diabo, não fazem outra coisa senão tentar fechar e trancar a porta do nosso retorno. Mas, como sobre as estrelas, que Deus criou e ordenou, conjeturas humanas e falazes foram inventadas pelos homens, do mesmo modo, também sobre alguns seres que nascem ou sobre coisas que existem de algum modo pela administração da Divina Providência, muitos escreveram muitas coisas quase regularmente ligadas a suspeitas humanas se, por acaso, aconteceram insolitamente, como se fosse gerado por uma mula ou algo fosse tocado por um raio.

A curiosidade e a inquietação são raízes de muitas superstições

24.37. Todas essas coisas têm tanto valor quanto a presunção dos espíritos combinou com os demônios mediante uma espécie de linguagem comum. Todavia, todas estão cheias de pestilenta curiosidade, de inquietude tormentosa e de escravidão mortal. Porém, não foram percebidas porque valiam, mas sendo percebidas e significando, o fato é que começaram a valer. E por isso apresentam-se diversamente a diversas pessoas segundo seus pensamentos e presunções. E aqueles espíritos que querem enganar, procuram a cada um coisas pelas quais veem que ele está preso mediante suas conjeturas e consensos. Assim, por exemplo, a figura da letra 'X', que se escreve em forma de cruz, vale uma coisa entre os Gregos, outra entre os Latinos, não por natureza, mas pela vontade e pelo consenso do significado; e por isso, alguém que conhece as duas línguas, se ao escrever quer indicar algo a um grego, não toma aquela letra com o mesmo significado com o qual costuma escrever a um latino. E com o único e mesmo som Beta, entre os Gregos indica-se uma letra, entre os Latinos é um legume. E quando digo Lege, com estas duas sílabas entre os Grego entende-se uma coisa, entre os Latino outra. Portanto, todos esses significados movem os espíritos segundo se convencionou na sociedade de cada um; e porque se convencionou diversamente, despertam-se movimentos diversos. E não foram os homens que convencionaram sobre as coisas porque já tinham, antecipadamente, um significado, mas agora significam alguma coisa porque assim decidiram os homens. O mesmo acontece com os sinais mediante os quais se busca a funesta conivência com os demônios: eles valem segundo as atribuições dadas por cada um. Isso aparece no claríssimo rito dos agoureiros, que, antes de observar os sinais e quando possuem os sinais observados, agem de tal maneira que não vejam o voo ou não ouçam a voz das aves, porque esses sinais nada são se não acontecer o consenso daquele que observa.

Nos institutos humanos não supersticiosos, existem algumas coisas supérfluas...

25.38. Cortadas e erradicadas essas práticas do espírito cristão, já é tempo de examinar outras práticas não supersticiosas dos homens, isto é, que não foram criadas para tratar com os demônios, mas com os próprios homens. De fato, todas as coisas que entre os homens têm um valor, porque agradou-lhes que tivessem valor, são instituições humanas; e entre estas, algumas são supérfluas e de luxo, outras úteis e necessárias. Com efeito, se os sinais que os comediantes fazem dançando tivessem algum significado por natureza e não por instituição e convenção dos homens, nos primeiros tempos não teria sido necessário que, enquanto o pantomimo dançava, o arauto anunciasse ao povo de Cartago aquilo que o bailarino queria expressar. Isso ainda é recordado por muitos idosos, cujo relato nós costumamos ouvir. E isso deve ser acreditado, porque, ainda agora, se alguém entra no teatro desconhecendo tais farsas, se não houver outro que lhe explique o significado de muitos movimentos, inutilmente prestará toda a atenção. Todavia, todos desejam certa semelhança de significado, para que os próprios sinais, enquanto podem, sejam semelhantes às coisas que significam. Porém, assim como uma coisa pode ser semelhante a outra sob diversos aspectos, tais sinais não são fixos entre os homens, a não ser que haja consenso.

... algumas também úteis e até necessárias

25.39. Porém, nas pinturas, nas estátuas e nas outras obras simbólicas semelhantes a estas, especialmente se realizadas por bons artífices, ninguém erra, observando-lhes a semelhança, ao reconhecer as coisas às quais são semelhantes. E todo esse tipo de sinais deve ser elencado entre as instituições supérfluas dos homens, a não ser que exista algum interesse por elas em vista do porquê, onde, quando e com que autoridade foram feitas. Afinal, são milhares de fábulas falsas e falsidades, com cujas mentiras os homens se divertem, e todas são de instituição humana. E, com efeito, nada deve ser considerado mais próprio dos homens, que eles têm por si mesmos, do que as falsidades e as mentiras. Mas são instituições úteis e necessárias dos homens em relação aos outros homens todas aquelas diferenças que lhes agradou instituir na maneira de se vestir e no culto do corpo para distinguir os sexos e as dignidades, e são inúmeras as espécies de sinais sem os quais a sociedade humana não poderia absolutamente se manter ou teria muitas dificuldades, e elas consistem em pesos e medidas, na cunhagem e no valor das moedas, que são próprios de cada cidade e povo. E outras dessa espécie que, se não fossem de instituição humana, não variariam segundo os povos nem, em cada povo particular, mudariam segundo o arbítrio de seus governantes.

O cristão sábio é capaz de distinguir entre as instituições humanas

25.40. Mas toda essa parte de instituições humanas, que são úteis para o necessário uso da vida, de modo algum deve ser evitada pelo Cristão e, até, na medida que for suficiente, deve conhecê-la e mantê-la na memória.

26.40. As instituições dos homens estão um pouco sombreadas e de alguma forma, semelhantes às naturais. Entre estas, aquelas que, como se disse, pertencem a sociedade com os demônios, devem ser totalmente rejeitadas e detestadas; aquelas, porém, que os homens mantêm com os homens, devem ser assumidas, enquanto não forem luxuriosas e supérfluas, e sobretudo as formas das letras, sem as quais não podemos ler, e a variedade das línguas, quanto for suficiente, das quais falamos acima. Desse tipo são também os sinais estenográficos, que aqueles que os aprenderam, propriamente, já se chamam estenógrafos. Estas são coisas úteis e não é ilícito aprendê-las, porque não implicam superstição, nem se enfraquecem pelo luxo, contanto que nos ocupem a ponto de não nos impedir coisas mais importantes, às quais devem servir para que as aprendamos.

Continua o tratado das instituições humanas

27.41. Ora, as coisas que os homens não instituíram, mas entregaram investigando os tempos passados ou as instituições divinas, onde quer que sejam aprendidas, não devem ser consideradas de instituição dos homens. Dessas, algumas referem-se aos sentidos do corpo, outras, ao invés, à razão do espírito. Mas aquelas que nos chegam pelo sentido do corpo, nós as cremos se nos forem narradas, ou as sentimos se nos são mostradas, ou as aceitamos se nos forem objeto de experiência.

A *utilidade da história*

28.42. Por isso, aquilo que a ciência chamada história nos informa sobre a ordem dos tempos passados ajuda-nos muito na compreensão dos Livros santos, embora seja aprendida fora da Igreja na instrução pueril. Com efeito, muitas vezes indagamos sobre certos acontecimentos por meio das Olimpíadas e pelos nomes dos Cônsules. E a ignorância do consulado no qual o Senhor nasceu e no qual sofreu, levou alguns a errar quando julgaram que o Senhor sofreu na idade de quarenta e seis anos, porque os Judeus disseram que neste espaço de tempo fora construído o templo (cf. Jo 2,20) que, figuradamente, representava o corpo do Senhor. E julgamos quase certo, pela autoridade do Evangelho, que o Senhor tenha sido batizado na idade de quase trinta anos (cf. Lc 3,23); mas depois, quantos anos viveu nesta vida, podemos entender pela sucessão das ações do próprio texto; todavia, para dissipar qualquer sombra de dúvida, deduz-se de maneira mais clara e certa comparando a história dos Povos com o Evangelho. Assim, então, vê-se que não foi em vão que se disse que o templo foi edificado em quarenta e seis anos e, se este número não pode referir-se à idade do Senhor, refere-se à mais secreta disposição do corpo humano do qual não hesitou revestir-se por amor de nós o único Filho de Deus, por quem todas as coisas foram feitas (cf. Jo 1,3).

A história é uma boa ajuda para resolver dificuldades

28.43. Porém, sobre a utilidade da história, omitindo os Gregos, que grande problema resolveu o nosso Ambrósio contra os caluniadores que liam e admiravam Platão e ousavam dizer que todas as sentenças de nosso Senhor Jesus Cristo, que eles se sentiam obrigados a admirar e elogiar, ele as tivesse aprendido nos livros de Platão, porque é inegável que Platão existiu muito antes da vinda humana do Senhor. Considerando a história dos Povos, o lembrado Bispo descobriu que, no tempo de Jeremias, Platão dirigiu-se ao Egito, onde aquele profeta estava então, e é mais provável, demonstra Ambrósio, que, através de Geremias, Plantão tenha se imbuído de nossas Letras, para poder ensinar e escrever as coisas que, com razão, nele são louvadas. Na realidade, antes das Letras do povo Hebraico, nas quais sobressaiu o culto ao único Deus, nas quais nosso Senhor veio segundo a carne (cf. Rm 9,5), não viveu nem Pitágoras, de cujos sucessores diz-se que Platão aprendeu a teologia. Assim, considerados os tempos, torna-se muito mais crível a opinião que estes tenham tirado de nossas Letras todas as coisas boas e verdadeiras que disseram, do que Jesus Cristo tenha tirado dos escritos de Platão. Crer nisso seria a maior loucura.

Grande diferença foi encontrada também entre a história dos pagãos

28.44. Porém, quando pelo relato histórico narram-se também as instituições passadas dos homens, nem por isso a própria história deve ser elencada entre as instituições humanas, porque as coisas passadas, que não podem tornar-se irrealizadas, devem ser inscritas na ordem dos tempos, dos quais Deus é o criador e o administrador. Afinal, uma coisa é narrar os fatos, outra é ensinar o que se deve fazer. Ora, a história narra fiel e utilmente os fatos; os livros dos arúspices, ao contrário, e quaisquer letras semelhantes pretendem ensinar o que se deve fazer ou observar com a audácia do instrutor e não com a fé do testemunho.

O conhecimento dos animais, das ervas e das outras coisas leva à compreensão das Escrituras

29.45. Existe também uma narração que é semelhante à descrição, pela qual, aos que não sabem, indicam-se não as coisas passadas, mas as presentes. A este gênero pertence tudo o que já se escreveu sobre a situação dos lugares, sobre as naturezas dos animais, das plantas, das ervas, das pedras e de outros corpos. Desse tipo de escritos tratamos acima e ensinamos que seu conhecimento tem valor para resolver os enigmas das Escrituras, não para que sejam usados como alguns sinais para remédios ou instrumentos supersticiosos, pois também aquele gênero já o distinguimos e separamos deste que é lícito e livre. Afinal, uma coisa é dizer: Se beberes dessa erva triturada, não terás dor de barriga; outra coisa é dizer: Se pendurares essa erva ao pescoço, a barriga não doerá. No primeiro caso, tem-se uma salutar mistura que se aprova, no segundo, um sinal supersticioso que se condena. Na verdade, embora não existam encantamentos, invocações e sinais, na maioria das vezes permanece a dúvida se a coisa que se liga ou de algum modo se acrescenta para curar o corpo, tem essa força por natureza, e então poderia ser livremente usada, ou provenha de alguma obrigação supersticiosa. Nesse caso, é preciso que o cristão se acautele com maior prudência, quanto maior parecer sua eficácia. Mas quando não se sabe por que o sinal é eficaz, é interessante observar a intenção com a qual cada um se serve dele, contanto que seja para curar ou normalizar os corpos, tanto no campo da medicina quanto no campo da agricultura.

A observação dos astros

29.46. Quanto ao conhecimento dos astros, este não é uma narração, mas uma demonstração, da qual a Escritura muito pouco se ocupa. Mas, como a muitos é conhecido o curso da lua, ao qual recorremos para fixar a celebração solene que cada ano fazemos da paixão do Senhor, assim pouquíssimos conhecem, sem erro, o nascimento das demais estrelas, como também o seu ocaso ou seus outros períodos. Por isso mesmo, este conhecimento, embora não seja ligado a alguma superstição, pouco ou quase nada ajuda na exposição das divinas Escrituras, antes impede-a pelo infrutuoso esforço; e porque é familiar ao perniciosíssimo erro dos que cantam fatos vazios, é mais conveniente e mais honesto que seja desprezado. Porém, além das observações das coisas presentes, tem também algo que o torna semelhante ao relato das coisas passadas, enquanto pela presente posição dos astros e por seu movimento nos é consentido recorrer normalmente também aos traços de seu passado. Esse conhecimento permite fazer conjeturas precisas sobre os tempos futuros, conjeturas não suspeitas ou de mau agouro, mas comprovadas e certas. Não para que sejamos autorizados a tentar tirar delas algo em relação às nossas ações ou acontecimentos, como são as loucas conclusões dos genetlíacos, mas somente enquanto se refere às estrelas em si mesmas. Mas, como aquele que observa a lua: olhando em que fase está hoje e como estava há alguns anos, pode-se dizer também como estará dentro de um certo número de anos; assim é com cada um dos astros em particular, quem os observa com experiência, costuma responder. De todo esse conhecimento, no que se refere a seu uso, expus o meu ponto de vista.

Além disso, o que oferecem as artes mecânicas

30.47. Dever-se-ia falar também das outras artes, pelas quais algo é fabricado, ou aquilo que permanece depois que foi realizado o trabalho do artífice, como uma casa, um banco, um vaso e outros objetos desse tipo. Em outros casos, o operador aparece como ministro da ação de Deus, como na medicina, na agricultura e no governo, ou outros em que todo o efeito é a ação, como a dança, a corrida, a luta. Em todas essas artes, as experiências do passado permitem conjeturar também as coisas futuras. Pois, ao agir, ninguém que as pratica move os membros a não ser que ligue a memória das coisas passadas com a expectativa das futuras. Mas, na própria vida humana, deve-se tomar o conhecimento dessas artes de forma moderada e rapidamente, não para praticá-las, a menos que algum dever no-lo imponha, do qual não tratamos agora, mas para dar um juízo disso, para que absolutamente não ignoremos aquilo que a Escritura quer insinuar quando insere algumas expressões figuradas dessas artes.

A arte dialética, sua utilidade e perigos

31.48. Restam as coisas que não se referem aos sentidos do corpo, mas à razão do espírito, onde reina a ciência da dialética e da matemática. Ora, a ciência da dialética é de muitíssima utilidade quando se trata de penetrar e resolver qualquer tipo de problema que se encontra nas santas Letras. Só que se deve evitar o desejo de litigar e aquela ostentação pueril de enganar o adversário. Realmente, há muitas coisas que se chamam sofismas, isto é, falsas conclusões de um raciocínio e que muitas vezes se assemelham tanto a coisas verdadeiras que enganam não só os lentos de inteligência, mas também os inteligentes, se não prestarem muita atenção. Uma vez, alguém propôs àquele com quem falava: Aquilo que eu sou, tu não és. E o outro consentiu. De fato, em parte era verdade. Mas, enquanto um era astuto, o outro era simplório. Então, o outro acrescentou: Mas eu sou um homem. E quando o outro admitiu também isso, o primeiro concluiu dizendo: Por isso, tu não és homem. Esse tipo de conclusões capciosas, segundo posso julgar, é detestado pela Escritura, no lugar onde diz: *Aquele que usa de linguagem sofisticada é odioso* (Eclo 37,23). Também, embora um discurso não seja capcioso, mas que seja mais abundante do que convém e que procura ornamentos verbais, chama-se sofisticado.

A prudência necessária diante de um dialético

31.49. Existem, também, conclusões de raciocínio verdadeiras que têm afirmações falsas, porque seguem o erro daquele com quem se fala. Todavia, tais conclusões são refutadas pelo homem bom e erudito, para que aquele do qual elas surgiram enrubesça e abandone o erro; porque, se quiser permanecer em tal erro, é necessário também que seja obrigado a manter aquilo que reprova. Ou eram verdadeiramente falsas as conclusões que o apóstolo tirava ao dizer: *Nem Cristo ressuscitou* (1Cor 15,13); e também a outra: *Vã é nossa pregação e vã é a vossa fé* (1Cor 15,14); e, em consequência são, absolutamente, falsas as outras, porque tanto Cristo ressuscitou, como não era vã a pregação que anunciava isso, nem a fé daqueles que a isso haviam acreditado. Mas estas conclusões verdadeiramente falsas, ligavam-se à afirmação pela qual se dizia que não havia ressurreição dos mortos. Porém, repudiando estas falsas conclusões, que seriam verdadeiras se, de fato, não houvesse ressurreição dos mortos, consequentemente existirá a ressurreição dos mortos. Portanto, existindo conclusões verdadeiras que derivam não só de premissas verdadeiras, mas também de falsas, é fácil aprender também nas escolas a verdade das conclusões que não são da Igreja. Mas a verdade das afirmações deve ser investigada nos santos Livros da Igreja.

A verdade das conclusões não é instituída pelos homens, mas somente constatada

32.50. Todavia, a própria verdade dos raciocínios não foi instituída pelos homens, mas só constatada e formulada, para poderem aprendê-la e ensiná-la. Pois está para sempre na ordem das coisas e foi instituída por Deus. De fato, assim como aquele que narra a ordem dos tempos não é ele que a compõe e aquele que descreve a situação dos lugares, ou as naturezas dos animais, das plantas ou das pedras não mostra coisas instituídas pelos homens, também aquele que observa os astros e seus movimentos não mostra uma coisa instituída por ele ou pelos outros homens; da mesma forma, aquele que diz: Quando é falso o que segue, necessariamente deve ser falso o que precede, diz uma coisa muito verdadeira, mas não é ele que faz que assim seja, mas somente a constata. Desta regra procede aquilo que lembrávamos do Apóstolo Paulo; realmente, a premissa é que não existe ressurreição dos mortos, conforme diziam aqueles cujo erro o apóstolo queria destruir. Na verdade, aquela premissa segundo a qual diziam que não existe ressurreição dos mortos, tem necessariamente a conclusão: *Nem Cristo ressuscitou* (1Cor 15,13). Ora, aquilo que segue é falso, pois Cristo ressurgiu, portanto é falso também aquilo que precede. Mas, o que precedeu é que não existe ressurreição dos mortos, segue necessariamente que os mortos ressuscitam. Dito brevemente, o raciocínio é assim: Se não existe a ressurreição dos mortos, nem Cristo ressuscitou; mas se Cristo ressuscitou, portanto, a ressurreição dos mortos existe. Por isso, esse modo de raciocinar, pelo qual tirado o consequente, cai também o antecedente, não foi inventado pelos homens, mas só constatado. E esta regra refere-se à estrutura do raciocínio, que é verdadeira, não à verdade das afirmações.

Nas falsas afirmações podem existir conclusões verdadeiras, e nas verdadeiras, falsas

33.51. Mas nesta passagem que trata da ressurreição, tanto é verdadeira a regra do raciocínio, quanto a sentença da conclusão. Nas falsas afirmações, porém, a verdade do raciocínio aparece desse modo: suponhamos que alguém aceite a seguinte proposição: Se o caracol é um animal, possui voz. Admitido isso, quando for provado que o caracol não tem voz, já que tirado o consequente, cai também o antecedente, conclui-se que o caracol não é um animal. Essa conclusão é falsa, mas concedido o antecedente falso, é verdadeiro o raciocínio da conclusão. Por isso, a verdade de uma proposição tem valor por si mesma, enquanto a verdade de um raciocínio depende da opinião ou da concessão daquele com o qual se raciocina. Por isso, como dissemos acima, de um raciocínio verdadeiro tira-se uma conclusão falsa, a fim de que aquele do qual queremos corrigir o erro se arrependa de ter admitido um antecedente cujo consequente deve ser rejeitado. Disso pode-se facilmente compreender que, como de falsas proposições podem ser tiradas conclusões verdadeiras, da mesma forma de verdadeiras proposições podem ser tiradas conclusões falsas. Faze que alguém lance a seguinte hipótese: Se alguém é justo, é bom, e que ela seja admitida; e depois prosseguisse: Mas não é justo; que isso também seja concedido; então poderia tirar a conclusão: Portanto, não é bom. Todavia, embora tudo isso seja verdadeiro, não é verdadeira a regra da conclusão. Afinal, quando se tira o consequente, necessariamente tira-se também o antecedente, mas quando se tira um antecedente não se tira necessariamente também o consequente. Porque é verdade quando dizemos: Se é um orador, é também um homem; mas se dessa afirmação passarmos para outra: Mas não é um orador, não será consequente concluir: Então, não é um homem.

Uma coisa é conhecer as leis das conclusões, outra a verdade das afirmações

34.52. Por isso, uma coisa é conhecer as regras do raciocínio, outra é conhecer a verdade das afirmações. Pelas primeiras, aprende-se o que seja o consequente, o que não é consequente e o que repugna. Consequente é: Se é um orador, é também um homem; não consequente: Se é um homem, é também um orador; repugna: Se é um homem, é também um quadrúpede. Aqui, portanto, julga-se sobre o próprio raciocínio. Mas, na verdade das afirmações, deve-se considerar as afirmações em si mesmas, não o raciocínio delas. Mas quando afirmações incertas estão ligadas por um verdadeiro raciocínio a verdadeiras e certas afirmações, é necessário que elas próprias se tornem certas. Ora, alguns gloriam-se de ter aprendido a verdade dos raciocínios, como se fosse a própria verdade das afirmações. Outros ainda, sobretudo possuindo a verdadeira afirmação, menosprezam-se porque ignoram as leis da conclusão; entretanto está em condição melhor quem sabe que existe a ressurreição dos mortos, do que aqueles que sabem que existe consequente, porque, se não existir a ressurreição dos mortos, *nem Cristo ressurgiu* (1Cor 15,13).

A ciência de definir e de dividir não é falsa por si mesma

35.53. Também a ciência de definir, de dividir ou de distribuir, embora, muitas vezes, seja usada também em coisas falsas, não é falsa por si, nem foi instituída pelos homens, mas é descoberta na ordem das coisas. É verdade que os poetas nas suas fábulas e os falsos filósofos nas opiniões de seu erro, ou também os hereges, isto é, os falsos Cristãos, costumaram usar essa ciência, mas nem por isso é falso que ao definir, ao dividir ou ao distribuir não se possa aceitar aquilo que não tem conexão com a coisa em si mesma ou rejeitar aquilo que com a coisa tem conexão. Isso é verdade, embora não seja verdade aquilo que é definido ou distribuído. Pois também o próprio falso é definido, quando dizemos que falso é dar a uma coisa o significado que não é o seu, ou de alguma outra maneira; trata-se de uma definição verdadeira, embora o falso não possa ser verdadeiro. Podemos também dividir, dizendo que existem duas espécies de falso: uma das coisas que absolutamente não podem existir, outra das coisas que não existem, embora possam existir. Pois quem diz que sete mais três são onze, diz uma coisa que absolutamente não pode ser, enquanto, por exemplo, que quem diz que choveu nas calendas de janeiro, embora não tenha acontecido, disse, porém, uma coisa que teria podido acontecer. Portanto, a definição e a divisão das coisas falsas podem ser muito verdadeiras, embora as coisas falsas em si mesmas de maneira alguma possam ser verdadeiras.

A discussão de grau mais alto que se chama eloquência

36.54. Existem também algumas normas de uma discussão mais evoluída que se chama eloquência. São normas verdadeiras, embora possam convencer também sobre coisas falsas; mas porque também podem ser verdadeiras, culpável não é a própria faculdade, mas a perversidade de quem a usa mal. Tampouco foi instituído pelos homens que a expressão da caridade concilie o ouvinte, ou que uma narração breve e clara transmita facilmente aquilo que se pretende dizer, ou que a variedade da exposição mantenha os ouvintes atentos e sem mal-estar; assim também de outras observações semelhantes que, quer nas falsas quer nas verdadeiras causas, são verdadeiras, enquanto fazem conhecer ou crer alguma coisa ou impelem os espíritos a buscar ou fugir de algo. E foram descobertas porque assim é a realidade das coisas, e não introduzidas a fim de que as coisas fossem desse modo.

A arte retórica e a dialética

37.55. Mas quando se aprende essa parte, deve-se usá-la mais para comunicar aquilo que se compreendeu do que para compreendê-la. A outra parte, porém, aquela das conclusões, das definições e das distribuições, ajuda muito aquele que compreende. Contanto que esteja longe o erro pelo qual os homens pensam ter aprendido a verdade da própria vida feliz quando aprenderem essas normas. Embora, muitas vezes, aconteça que os homens compreendam em si mesmas as coisas e, para compreendê-las, aprendam essas normas mais facilmente do que se compreendessem as ciências complicadas e espinhosíssimas que tais normas ensinam. É como se alguém, querendo dar as normas de caminhar, comece dizendo que não é necessário erguer o pé que está atrás senão quando apoiar por terra aquele que está na frente e então descrever minuciosamente como é preciso mover os eixos das articulações e dos joelhos. Realmente, é verdade o que diz, nem se pode caminhar de outra maneira; mas é mais fácil que os homens façam aqueles movimentos caminhando do que dando-se conta deles quando fazem, ou compreendam quando ouvem. Porém, aqueles que não podem caminhar, muito menos preocupam-se de coisas que não podem conseguir por experiência própria. Assim, muitas vezes, uma pessoa inteligente vê mais depressa que uma conclusão não é consistente antes ainda de compreender suas normas, mas o lento de espírito nem a vê e muito menos vê as normas que a ela se referem. Em todas essas coisas, muitas vezes, talvez, o próprio espetáculo da verdade agrada mais do que somos ajudados por elas ao disputar ou ao julgar. É verdade que tais normas podem tornar os espíritos mais exercitados, mas também podem torná-los mais maliciosos e mais inchados de orgulho, isto é, que aqueles que aprenderam tais ciências gostem de enganar com discursos e perguntas verossímeis ou pensem que sejam algo tão grande que sejam superiores aos bons e aos honestos.

A ciência dos números

38.56. Quanto à ciência dos números, também a quem é excepcionalmente tardo de inteligência, é evidente que eles não foram inventados pelos homens, mas investigados e descobertos. Pois com eles não pode acontecer aquilo que aconteceu com a primeira sílaba de palavra Itália: os antigos pronunciavam-na breve, mas, por vontade de Virgílio, tornou-se longa (cf. Virgílio, *Aen.* 1,2), assim ninguém, se quiser, pode fazer que três vezes três não seja nove, ou que não formem uma figura quadrada ou que não seja o triplo do número três, uma vez e meia o número seis, o dobro de nenhum número, porque os números ímpares não têm metade (cf. Agostinho, *Ep.* 3,2; *De lib. Arb.* 2,8,22). Assim, quer sejam considerados em si mesmos, quer sejam usados para compor as leis das figuras, dos sons ou de outros movimentos, os números têm regras imutáveis que, de modo algum, foram instituídas pelos homens, mas descobertas pela sagacidade de espíritos engenhosos.

Nem a todos foi dado transcender às criaturas

38.57. Todavia, alguém poderia amar todas essas coisas para gloriar-se quando estiver entre pessoas ignorantes e não para investigar de que depende a verdade daquelas coisas que se concorda serem apenas verdadeiras; e como algumas delas são não só verdadeiras, mas também imutáveis, compreende-se que são imutáveis e, assim, pela forma dos corpos, chega à mente humana. E depois, vendo que a própria mente é mutável, porque ora sabe, ora não sabe, todavia, instituída entre a verdade imutável acima de si e as outras coisas mutáveis abaixo de si, deduz que todas as criaturas dirigem o homem para o louvor e o amor do único Deus, do qual reconhece que tudo provém e, então, pode parecer douto, mesmo que, de modo algum, seja sábio.

Os preceitos da salvação devem ser comunicados primeiramente aos adolescentes

39.58. Por isso, parece-me salutar ensinar aos jovens estudiosos, inteligentes, tementes de Deus e que buscam uma vida feliz que não ousem seguir, com segurança, algumas doutrinas que se professam fora da Igreja de Cristo, como se elas bastassem para conseguir uma vida feliz, mas que as examinem sóbria e diligentemente. E se encontrarem algumas instituídas pelos homens, diferentes por causa da diversa vontade de quem as inventou, caídas no esquecimento por causa das suspeitas daqueles que erram e, sobretudo, se têm uma sociedade estabelecida com os demônios, quase por meio de pactos ou convenções fundamentadas em certos sinais, que absolutamente as repudiem e detestem; que abandonem também o estudo das doutrinas supérfluas e luxuriosas instituídas pelos homens. Porém, quanto às instituídas pelos homens que servem para a convivência social, por causa das relações que têm com a vida presente, não devem negligenciá-las. Mas, quanto às outras ciências, que se encontram entre os Pagãos, fora da história das coisas do tempo passado ou presente, que se referem aos sentidos do corpo, às quais deve-se acrescentar as experiências e as suposições das artes úteis dos corpos, fora aquelas do uso do método do raciocínio e do número, creio que as outras não sejam úteis. Em todas elas, deve-se observar a norma: *Nada com excesso!* (Terêncio, *Andr.* 1,61), sobretudo quanto às coisas que, tendo relação com os sentidos do corpo, sujeitam-se ao andar do tempo e estão contidas nos lugares.

As ajudas subsidiárias para compreender as Escrituras

39.59. Assim como alguns procuraram traduzir separadamente todas as palavras e nomes hebraicos, siríacos, egípcios ou escritos em qualquer outra língua usada nas santas Escrituras, quando essas palavras e nomes estavam sem tradução, e o que fez Eusébio quanto à história dos tempos, por causa de certas questões dos Livros divinos que exigem seu uso, e os outros fizeram em relação a outras coisas para que ao Cristão não fosse necessário trabalhar muito por causa de poucos casos, da mesma forma penso que pode fazer uma obra verdadeiramente benigna de fraterna utilidade aos irmãos aquele que, com alegria, se dedicar a elencar por escrito, fazendo apenas a explicação e descrevendo as coisas de forma genérica, todos os lugares das terras, os animais, as ervas, as plantas, as pedras e os metais desconhecidos e todos os objetos de vários tipos dos quais a Escritura faz menção. O mesmo pode ser feito também em relação aos números, limitando a anotação somente aos números recordados pela divina Escritura. Algumas dessas pesquisas, talvez todas, já foram feitas, e temos encontrado muitas noções elaboradas e postas por escrito por cristãos bons e doutos, como nem teríamos pensado, mas, por causa das turbas dos negligentes ou por causa dos invejosos, estão ainda ocultos. Não sei se a mesma coisa possa acontecer com o método de discutir. Parece-me que a coisa seja impossível, porque em todo o texto das Escrituras os termos estão ligados à maneira de nervos. Este trabalho ajuda os leitores mais a resolver e explicar as ambiguidades, do que a conhecer os sinais desconhecidos dos quais agora nos ocupamos.

Se algo foi corretamente dito pelos pagãos, deve ser convertido para o nosso uso

40.60. Porém, os que são chamados filósofos, especialmente os platônicos, se tiverem dito coisas verdadeiras e compatíveis com a nossa fé, não só não devem ser temidas, mas também devem ser tomadas deles para o nosso uso como se fossem possuidores injustos. Com efeito, assim como os Egípcios não só possuíam ídolos e impunham graves pesos, que o povo de Israel detestava e deles fugia, mas tinham também vasos, ornamentos de ouro e de prata e vestes, que o povo ao sair do Egito às escondidas reivindicou para si, não por autoridade própria, mas por preceito de Deus, para fazerem um uso melhor e os próprios Egípcios, sem saber, entregaram as coisas das quais não faziam bom uso (cf. Ex 3,21-22; 12,35-36). Assim todas as doutrinas dos Pagãos não só são invenções simuladas e supersticiosas e têm graves pesos de um trabalho supérfluo que, cada um de nós, saindo do mundo pagão para seguir a Cristo, deve detestar e evitar, mas contêm também artes liberais mais aptas ao uso da verdade e alguns utilíssimos preceitos morais e junto a eles encontram-se também algumas verdades sobre o culto do único Deus. Tudo isso é como que seu ouro e prata, que eles não instituíram, mas tiraram como que de certas minas da divina Providência que estavam espalhadas por toda a parte, e das quais perversa e injuriosamente abusam para prestar culto aos demônios, embora o cristão, para separar-se com o espírito de sua miserável sociedade, deve servir-se delas para a justa missão de pregar o Evangelho. Será também lícito aceitar e ter para uso cristão também a veste deles, isto é, as instituições dos homens, mas adaptadas à convivência humana, da qual nesta vida não podemos nos privar.

Os doutores cristãos suportavam a ciência dos pagãos

40.61. Ora, que mais fizeram muitos de nossos bons fiéis? Não vemos quão carregado de ouro, prata e vestes terá saído do Egito Cipriano, esse doutor suavíssimo e beatíssimo mártir? Quanto Lactâncio? Quanto Vitorino, Optato, Hilário, para não citar os vivos? Quanto os inúmeros Gregos? O primeiro a fazer isso foi o fidelíssimo servo de Deus Moisés, do qual está escrito que era instruído em toda a sabedoria dos Egípcios (cf. At 7,22). A todos esses homens, a cultura supersticiosa dos pagãos, especialmente naqueles tempos em que, rejeitando o jugo de Cristo, perseguiam-se os cristãos, jamais teria fornecido ciências consideradas úteis se tivesse suspeitado que elas teriam mudado até prestar culto ao único Deus, com o qual seria destruído o vão culto dos ídolos. Mas deram ouro, prata e vestes ao povo de Deus que saía do Egito, porque ignoravam que as coisas que davam mudariam para a honra de Cristo. Com efeito, aquilo que aconteceu no Êxodo, sem dúvida tinha valor simbólico, para assinalar o outro fato, que me permito afirmar, sem prejudicar outros significados de idêntico ou mais alto valor.

O estudo da Sagrada Escritura, como o requer a alma. As propriedades do hissopo

41.62. Mas quando, instruído desse modo, o estudioso das divinas Escrituras começar a aproximar-se delas, não cesse de indagar aquela admoestação apostólica: *A ciência incha, mas a caridade edifica* (1Cor 8,1), porque sente que embora tenha saído rico do Egito, não poderá ser salvo se não tiver celebrado a Páscoa. Ora, a nossa Páscoa é Cristo imolado (cf. 1Cor 5,7), e a imolação de Cristo nada mais nos ensina do que aquilo que ele próprio clama, como para aqueles que vê sofrer no Egito sob o Faraó: *Vinde a mim todos os que estais fatigados e carregados, e eu vos aliviarei. Tomai sobre vós o meu jugo e aprendei de mim, que sou manso e humilde de coração, e achareis descanso para as vossas almas. Por que o meu jugo é suave, e o meu peso leve* (Mt 11,28-30). A quem diz isso, senão aos mansos e humildes de coração, que não estão inchados pela ciência, mas edificados pela caridade? Recordem, pois, aqueles que nos tempos antigos celebraram a Páscoa através de sombras e imagens, quando foram mandados marcar os portais com o sangue do cordeiro, que eles foram marcados com o hissopo (cf. Ex 12,22). É uma erva humilde e mansa, mas nada é mais forte e penetrante do que suas raízes, *para que, arraigados e fundados na caridade, possais compreender, com todos os santos, qual seja a largura, o comprimento, a altura e a profundidade* (Ef 3,17-18), isto é, a cruz do Senhor, cuja largura está no lenho transversal, sobre o qual se estendem as mãos; o comprimento, vai da terra até a própria largura, onde a partir das mãos está fixado todo o corpo; a altura, da largura para cima até a parte mais alta, onde se apoia a cabeça; a profundidade, porém, a parte que se esconde fixa na terra. Com este sinal da cruz descreve-se todo o agir do cristão: realizar em Cristo obras boas, a ele aderir com perseverança, esperar as coisas celestes, não profanar os sacramentos. Purificados por esta ação poderemos conhecer também *a caridade de Cristo, que excede toda a ciência* (Ef 3,19), pela qual é igual ao Pai, por quem foram feitas todas as coisas (cf. Jo 1,3), para que estejamos cheios de toda a plenitude de Deus. No hissopo existe também uma força purificadora, pela qual não acontecerá que, inchando-nos da ciência pelas riquezas tomadas dos Egípcios, o nosso pulmão, entumecido, deseje as coisas soberbas. Diz: *Tu me aspergirás com o hissopo, e serei purificado; lavar-me-ás, e me tornarei mais branco do que a neve. Tu me farás ouvir uma palavra de gozo e de alegria* (Sl 50,9-10). Depois acrescenta como lógica consequência, para demonstrar que com o hissopo representa-se a purificação do orgulho: *E exultarão esses meus ossos que humilhaste* (Sl 50,10).

Comparação da Sagrada Escritura com a ciência profana

42.63. Deve-se considerar que a quantidade de ouro, prata e vestes que aquele povo levou consigo do Egito foi muito pequena em relação às riquezas que se acumularam, depois, em Jerusalém, como aparece sobretudo sob o Rei Salomão (cf. 1Rs 10,14-27); muito pequena foi a ciência, embora útil, recolhida nos livros pagãos, se for comparada com a ciência das divinas Escrituras. Com efeito, tudo que o homem possa aprender fora [das Escrituras], se é nocivo, é condenado nelas, se é útil, está contido nelas. E quando alguém encontra nas Escrituras todas as coisas que utilmente poderia aprender em outro lugar, encontrará nelas, e com muito maior abundância, muitas outras coisas que absolutamente não se encontram em outra parte, enquanto nas Escrituras, e só ali, as aprende, dada a sua admirável altura e humildade. Sinais desconhecidos não dificultam o leitor munido dessa instrução; seja manso e humilde de coração, sujeite-se com mansidão ao jugo de Cristo. Subjugado pelo seu peso, que, afinal, não é pesado, mas leve, fundado, radicado e construído na caridade, que a ciência não consegue inchar, aproxime-se para perscrutar e discutir os sinais ambíguos que se encontram nas Escrituras, sobre os quais, já no próximo livro, procurarei dizer aquilo que o Senhor se dignar sugerir-me.

Livro III

Introdução a este livro

1.1. O homem que teme a Deus busca diligentemente a sua vontade nas santas Escrituras. Manso na sua piedade, não ama os conflitos; munido do conhecimento das línguas, não permanece embaraçado em palavras e locuções desconhecidas; munido também do conhecimento de certas coisas necessárias, não ignora a força e a natureza de algumas delas quando são usadas como comparação; é ainda ajudado pela verdade dos códices, obtida pela conscienciosa diligência de sua correção. Assim instruído, venha examinar e resolver as passagens ambíguas das Escrituras. Mas, para não ser enganado por sinais ambíguos, permitirá, quanto possível, ser instruído por nós; mas pode acontecer que, pela magnitude da inteligência, ou pela lucidez de uma iluminação superior, ria, como se fossem pueris, esses caminhos que queremos mostrar. Todavia, como havia começado a dizer, na medida em que pode ser instruído por nós, aquele que está no estado de espírito que possa ser instruído por nós, saiba que a Escritura pode apresentar ambiguidade tanto nas palavras próprias, quanto nas figuradas. Dessas duas espécies de linguagem já tratamos no livro segundo.

A ambiguidade pode ser tirada pela distinção das palavras

2.2. Mas quando são as próprias palavras que tornam a Escritura ambígua, primeiramente deve-se ver se não distinguimos ou pronunciamos mal. Porém, se apesar da atenção prestada, se perceber claramente que é incerto o modo de distinguir ou de pronunciar, consulte-se a regra da fé, que se obteve através das passagens escriturais mais fáceis, ou mediante a autoridade da Igreja, como expusemos suficientemente no primeiro livro, falando das coisas. Pois, se ambas as partes, ou todas, se as partes forem mais, soarem ambíguas segundo a fé, deve-se consultar o próprio texto do discurso nas partes precedentes e nas partes seguintes, que contêm no meio aquela ambiguidade, para vermos a qual interpretação, das muitas que se apresentam, vai a preferência para ser mais estreitamente inserida no contexto.

Exemplos que ilustram a maneira de distinguir corretamente a doutrina

2.3. Por ora, considera alguns exemplos. Primeiro, aquela distinção herética: *No princípio existia o Verbo, e o Verbo estava com Deus, e era Deus*, para que tenha outro sentido: *Este Verbo, no princípio estava com Deus*, e quem diz assim não quer confessar que o Verbo é Deus. Mas isto deve ser rejeitado pela regra da fé, por força da qual nos é imposta a igualdade da Trindade, para dizermos: *E o Verbo era Deus*, e depois acrescentarmos: *No princípio, ele estava com Deus* (Jo 1,1-2).

Igualmente, outros exemplos

2.4. Ora, existe aquela ambiguidade de distinção que em nenhuma parte se opõe à fé e, por isso, deve ser julgada pelo próprio texto do discurso, lá onde o apóstolo diz: *Não sei o que escolher. Sou constrangido por duas partes: tenho o desejo de ser desatado e estar com Cristo; o que, de fato, é muito melhor: permanecer na carne por amor de vós* (Fl 1,22-24). Realmente, é incerto se devemos entender: *Tenho desejo de duas coisas*, ou: *Sou obrigado por duas coisas*, para acrescentar isso: *Tendo o desejo de ser desatado e estar com Cristo*. Mas, porque continua assim: *O que é muito melhor*, aparece que ele diz desejar ter aquela que é muito melhor, para que, sendo constrangido entre duas coisas, de uma ter o desejo, da outra, porém, a necessidade: desejo de estar com Cristo, necessidade de permanecer na carne. Esta ambiguidade é desfeita pela única palavra que segue e que foi acrescentada: *de fato*. Os tradutores que omitiram essa palavrinha foram levados para a interpretação que faz parecer que o apóstolo não só é obrigado por duas coisas, mas também ter o desejo de duas coisas. Assim, pois, deve-se distinguir: *Não sei o que escolher. Estou constrangido por duas coisas*, cuja distinção segue: *Tendo o desejo de ser solto para estar com Cristo*. E como se lhe fosse pedido por que preferia tal desejo, diz: *De fato, é uma coisa muito melhor.* Por que, então, é constrangido por duas coisas? Porque existe também a necessidade de permanecer, a propósito da qual acrescenta: *Permanecer na carne é necessário por causa de vós.*

A inevitável ambiguidade de algumas distinções

2.5. Porém, onde a ambiguidade não pode ser desfeita nem pela regra da fé, nem pelo texto do próprio discurso, nada se opõe que a frase seja distinguida segundo uma ou outra das possibilidades que se apresentam. Como acontece na frase aos Coríntios: *Tendo, pois, estas promessas, caríssimos, purifiquemo-nos de toda imundície da carne e do espírito, levando ao fim a santificação no temor de Deus. Acolhei-nos. Nós a ninguém temos ofendido* (2Cor 7,1-2). Realmente, é duvidoso se: *Purifiquemo-nos de toda imundície da carne e do espírito*, de acordo com a frase: *Para que seja santa no corpo e no espírito* (1Cor 7,34), ou: *Purifiquemo-nos de toda imundície da carne*, e depois com sentido diferente: *E realizemos a santificação do espírito no temor de Deus acolhei-nos.* Por isso, tais ambiguidades de distinções, são deixadas ao arbítrio de quem lê.

A razão pela qual se desembaraça a ambiguidade pela pronúncia

3.6. Mas tudo o que dissemos sobre as distinções ambíguas, deve-se observar também nas pronúncias ambíguas. Pois também estas, se não forem viciadas por uma excessiva negligência do leitor, podem ser corrigidas pelas regras da fé ou pelo contexto antecedente e consequente do discurso. Ou se não se recorrer a nenhum desses dois motivos para a correção, certamente as dúvidas permanecerão; por isso, seja qual for o modo pelo qual o leitor pronuncia, não será culpado. Com efeito, se a fé não revogar, cremos que Deus não há de acusar seus escolhidos e Cristo não há de condenar seus escolhidos, aquilo pode ser pronunciado assim: *Quem acusará os escolhidos de Deus?* para que a esta interrogação quase siga a resposta: *Deus é que justifica*, e novamente se pergunte: *Quem é que condena?* E se responda: *Jesus Cristo que morreu* (Rm 8,33-34). Ora, crer isso é a maior loucura, por isso, dever-se-á pronunciar de modo que preceda a questão e siga a interrogação. Mas, entre a questão e a interrogação, os antigos disseram que existe uma diferença, porque à questão pode-se dar muitas respostas, enquanto à interrogação só se pode responder: "Não" ou "Sim". Pronunciar-se-á, pois, assim, para que após a questão pela qual dizemos: *Quem acusará os escolhidos de Deus?* pronunciar-se-á em tom interrogativo: *Deus é que justifica?* com a tácita resposta: Não; e igualmente após a questão: *Quem é que condenará?* novamente interrogaremos: *Jesus Cristo que morreu*, mas, sobretudo, que *ressuscitou, que está à direita de Deus e que também intercede por nós?* (Rm 8,34) para que ali se responda: Não. Pelo contrário, naquele lugar onde diz: *Que diremos, pois? Que os gentios, que não seguiam a justiça, abraçaram a justiça* (Rm 9,30), a não ser que depois da questão pela qual se diz: *Que diremos, pois,* seguisse a resposta:

Que os gentios que não seguiam a justiça, abraçaram a justiça, o texto seguinte não teria coesão. Mas seja qual for o tom com que se pronunciar aquilo que disse Natanael: *De Nazaré pode vir algo que seja bom* (Jo 1,46), quer seja afirmando, para que seja em tom interrogativo somente o que diz: *De Nazaré?* quer se estenda a dúvida de quem interroga a toda a frase, não vejo como distinguir. Pois nem um nem outro sentido contraria a fé.

O próprio texto resolve algumas ambiguidades

3.7. Existe também uma ambiguidade vinda do som duvidoso das sílabas, e também esta pertence à pronúncia. Pois o que está escrito: *Non est absconditum a te os meum, quod deficisti in abscondito* (= *Não te era oculto o meu osso, que fizeste em segredo* (Sl 138,15). A quem lê, não é claro se a sílaba "os" (os, ossis = o osso) deva ser pronunciada breve ou longa. Se for pronunciada como breve, deve-se entender a palavra como o singular de "ossa"; mas se for longa, é o singular de "ora" (os, oris = a boca). Tais problemas se resolvem examinando a língua precedente. E de fato, em grego não está escrito στόμα, mas ὀστέον. Daí que, na maioria das vezes, o costume popular de falar é mais útil do que a integridade literal para dar o sentido das coisas. Na verdade, preferiria que, apesar do barbarismo, se dissesse: *Não te era oculto o meu osso,* mesmo se a frase se tornar menos clara, por ser mais latina. Por vezes, porém, acontece que o som duvidoso de uma sílaba seja determinado antes por um verbo próximo pertencente à própria frase. Como está na palavra do apóstolo: *Quae predico vobis sicut praedixi, quoniam qui talia agunt, regnum Dei non possidebunt* (= *Sobre essas coisas vos previno, como já vos disse, que os que as praticam não possuirão o reino de Deus* (Gl 5,21). Se tivesse dito apenas: *Quae predico vobis*, e não tive acrescentado: *como já vos disse*, somente com o recurso ao códice escrito na língua precedente não se poderia saber se na palavra *predico* a sílaba do meio deveria ser pronunciada longa ou breve. Porém, é evidente que se deve pronunciá-la longa, porque ele não acrescenta: como vos tenho pregado, mas: *como vos disse*.

Razão pela qual é desembaraçada a ambiguidade da dicção

4.8. Do mesmo modo, devem ser consideradas não só estas ambiguidades, mas também aquelas que não se referem à distinção ou à pronúncia, como aquela aos Tessalonicenses: *Por isso, temos sido consolados, irmãos, em vós* (1Ts 3,7). A dúvida é se deve ser: ó irmãos, ou os irmãos. Nenhum desses dois sentidos é contrário à fé; mas a língua grega não tem casos iguais e, por isso, espera-se que seja vocativo, isto é, ó irmãos. E se o tradutor quisesse dizer: Por isso tivemos consolação em vós, ó irmãos, ele teria sido menos escravo das palavras, mas menos duvidoso no sentido da frase, ou certamente acrescentaria: *nostri*. Quase ninguém duvidaria tratar-se de vocativo ouvindo a frase: Por isso, *temos sido consolados, irmãos nossos, em vós*. Mas, permitir isso seria mais perigoso. O mesmo

aconteceu na carta aos Coríntios, quando o Apóstolo diz: *Todos os dias, irmãos, morro pela vossa glória
que tenho em Jesus Cristo* (1Cor 15,31). Com efeito,
um tradutor diz: *Todos os dias morro, eu juro, pela
vossa glória*, porque o termo grego de juramento
[νή] é claro e não apresenta ambiguidade. Por isso,
muito rara e dificilmente pode-se encontrar, nos
livros das divinas Escrituras, ambiguidades de palavras tomadas em sentido próprio, que não se re-
solvam mediante o contexto do discurso, pelo qual
se conhece a intenção do escritor, ou mediante o
confronto dos outros tradutores, ou controlando a
passagem na língua precedente.

*Tomar ao pé da letra locuções simbólicas da Escritura
é escravidão miserável*

5.9. Mas as ambiguidades de palavras figuradas, das quais deve-se falar a seguir, exigem um
cuidado e uma diligência não pequena. Antes de
mais nada, deve-se cuidar de não tomar ao pé da
letra uma locução figurada. De fato, a isso se refere o que diz o apóstolo: *A letra mata, mas o espírito
vivifica* (2Cor 3,6). Realmente, se aquilo que é dito
figuradamente é entendido como dito em sentido
próprio, teria sabor carnal. E nada é mais convenientemente chamado de morte da alma do que
submeter a inteligência à carne seguindo a letra,
pois é por ela que se é superior aos animais. Com
efeito, quem segue a letra toma a palavra figurada em sentido próprio, e não é capaz de referir o
significado de um termo próprio a outra significação. Se, por exemplo, alguém ouve falar

de Sábado e não entende senão um dos sete dias que no seu curso se repetem continuamente; e se ouvir falar de Sacrifício e, com o pensamento, não vai além daquilo que se costuma fazer com a imolação de animais ou a oferta de frutos da terra. Enfim, é uma miserável escravidão do espírito tomar os sinais em lugar das coisas e não poder elevar os olhos da mente acima das criaturas corpóreas para chegar à luz eterna.

A escravidão dos Judeus e o proveito da Igreja apostólica

6.10. Todavia, no povo Judeu, essa escravidão estava muito longe do costume dos outros povos, pois, embora se sujeitassem às coisas temporais, delas sabiam tirar a noção do único Deus. E embora observassem aquilo que era somente símbolo das realidades espirituais em lugar das realidades em si mesmas, não sabendo a que coisas se referissem tais símbolos, tinham uma coisa bem fixa na mente: com seu serviço agradar ao único Deus de todos, mesmo se não o vissem. Dessas coisas, o Apóstolo escreve que eram como uma prisão dos pequenos ainda sob o pedagogo (cf. Gl 3,24). E por isso, aqueles que aderiram com pertinácia a estes sinais, quando veio o tempo da revelação, não puderam tolerar o Senhor, que condenava estas coisas (cf. Mt 12,1-14); e seus príncipes ainda inventaram calúnias porque ele não observava o sábado (cf. Lc 6,7) e o povo, ligado àqueles sinais como se fossem coisas, não acreditava que ele fosse Deus ou tivesse vindo de Deus, já que se recusava aceitar as coisas que eram observadas pelos Judeus. Mas aqueles que acreditaram e que formaram a primitiva Igreja de Jerusalém mostraram, suficientemente, quanta utilidade poderiam tirar os que foram encarcerados sob o pedagogo. Os sinais impostos temporariamente a quem era escravo [da lei], valeram para elevar o pensamento daqueles que a observavam para o culto do único Deus, criador do céu e da terra. Mas, porque eles estavam muito próximos das realidades espirituais (embora não soubessem que deviam ser entendidos no sentido espiritual, nos próprios votos e sinais temporais e carnais haviam aprendido a venerar o único eterno Deus), estavam dispostos a receber o Espírito Santo, e vendiam tudo o que possuíam e depositavam o preço aos pés dos apóstolos para que fosse distribuído aos pobres (cf. At 4,34) e consagravam-se totalmente a Deus como templo novo, mesmo sendo ainda sujeitos à sua imagem terrestre, isto é, ao velho templo.

6.11. Com efeito, não está escrito que alguma igreja dos Gentios tenha feito isso, porque não foram encontrados tão perto [da verdade] aqueles que tinham por deus imagens feitas por mãos de homens.

A escravidão dos gentios sob sinais inúteis

7.11. E se, de vez em quando, alguns deles se esforçavam por interpretar algumas estátuas como sinais, referiam-nas ao culto e à veneração de criaturas. Com efeito, para que serve, por exemplo, a estátua de Netuno, se não o considero um deus, mas como sinal de todo o mar ou também de todas as águas que brotam das fontes? Como é descrito por um de seus poetas, que, se bem me recordo, diz assim: *Tu, pai Netuno, cujas têmporas encanecidas ressoam cercadas pelo mar bravio, a quem o grande oceano corre continuamente pela barba e os rios vagam pelos cabelos* (Fragm. Poet. Rom., ed. Baehrens 1886, p. 388). Estas são bolotas que, fechadas em doce casca, sacodem pedrinhas soantes; porém, não são alimento dos homens, mas de porcos. Sabe o que digo quem conhece o Evangelho (cf. Lc 15,16). Portanto, de que me adianta que a estátua de Netuno tenha tal significado, a não ser, talvez, para que eu não venere nenhum? Porque, para mim, não é Deus tanto uma estátua qualquer, como todo o mar. Todavia, confesso que estão mais submersos aqueles que consideram deus as obras dos homens do que aqueles que consideram ídolos as obras de Deus. A nós, porém, ordena-se amar e venerar o único Deus (cf. Dn 6,5), que criou todas as coisas das quais eles veneram a estátuas, considerando-as deuses ou sinais e imagens da divindade. Portanto, se tomar um sinal instituído utilmente para significar a realidade em vez da própria coisa é uma escravidão carnal, quanto mais o é tomar para as coisas em si mesmas os sinais instituídos para significar coisas inúteis. Mas se os referires às próprias coisas que com tais sinais são representadas e inclinares o espírito a honrá-las, nem por isso estarás isento de qualquer peso e véu de escravidão carnal.

Uma coisa é os Judeus serem libertados da escravidão dos sinais, outra os Gentios

8.12. Por isso, a liberdade cristã libertou aqueles que encontrou sujeitos a sinais úteis, como se os encontrasse próximos a eles e, interpretados os sinais sob os quais estavam sujeitos, elevou-os para as coisas das quais são sinais. Deles foram formadas as Igrejas dos santos israelitas. Porém, aos que encontrou sujeitos a sinais inúteis, não só reduziu a nada a condição servil sob a qual estavam sujeitos tais sinais, mas também frustrou e removeu todos os sinais, de modo a converter os Povos da corrupção que consistia na multidão de falsos deuses, coisa que com frequência e propriedade a Escritura chama de fornicação, para o culto de um único Deus. E não só não estariam sujeitos a sinais úteis, antes, exercitariam seu espírito para compreendê-los espiritualmente.

Quem é oprimido pela escravidão dos sinais, quem não. Batismo. Eucaristia

9.13. É escravo do sinal quem serve ou venera uma coisa simbólica sem saber o que significa. Mas quem realiza ou venera um sinal útil instituído por Deus, cuja força e significação compreende, não venera aquilo que se vê e é passageiro, mas aquilo ao qual todos esses sinais devem ser referidos. Ora, tal homem é espiritual e livre, também no tempo de escravidão, quando ainda não era conveniente que se revelassem aqueles sinais a espíritos carnais, pois deviam ser domados por seu jugo. Tais espirituais eram os Patriarcas e os profetas e todos aqueles do povo de Israel por obra dos quais o Espírito Santo nos forneceu o auxílio e a consolação das Escrituras. Nesse tempo, porém, depois que pela ressurreição de nosso Senhor brilhou de maneira claríssima o sinal da nossa libertação, não somos mais oprimidos pelo pesado dever de carregar aqueles sinais que agora compreendemos, porque o próprio Senhor e o ensinamento apostólico nos transmitiram não uma multidão de sinais, mas apenas uns poucos, que são muito fáceis de cumprir, de augustíssima compreensão e de castíssima observância, como é o sacramento do batismo e a celebração do corpo e do sangue do Senhor. Quando alguém, tendo sido bem instruído, os recebe, sabe a que se referem e os venera não com escravidão carnal, mas com liberdade espiritual. Mas, como seguir a letra e tomar os sinais em vez das coisas que eles significam denota fraqueza servil, assim, interpretar os sinais de maneira inútil indica o erro de uma mente que vaga pelos caminhos do mal. Porém, quem não entende o que significa um sinal e, todavia, entende que é um sinal, também não é oprimido pela escravidão. Porém, é melhor estar sob o jugo de sinais desconhecidos, mas úteis, do que interpretá-los inutilmente e inserir a cerviz nos laços do erro pelo jugo da escravidão.

Donde se reconhece se uma locução é própria ou figurada

10.14. A esta observação, porém, pela qual cuidamos de não tomar como própria uma locução figurada, isto é, simbólica, deve-se acrescentar também a outra, isto é, de não tomar como figurada uma locução própria. Por isso, deve-se antes apresentar a maneira de encontrar se uma locução é própria ou figurada. E o modo é, absolutamente, este: na palavra de Deus, tudo aquilo que, se tomado propriamente não pode referir-se à honestidade da conduta nem à verdade da fé, deves considerá-lo como figurado. A honestidade dos costumes pertence ao amor de Deus e do próximo, a verdade da fé, ao conhecimento de Deus e do próximo. A esperança, porém, cada um tem na sua própria consciência o sentimento de como e quanto tenha progredido no amor e no conhecimento de Deus e do próximo. De tudo isso falou-se no primeiro livro.

O costume humano ao julgar os atos humanos

10.15. Mas porque o gênero humano tende a avaliar os pecados não pelos momentos da própria paixão, mas antes pelo costume, acontece com frequência que cada homem julga digno de condenação somente aquilo que os homens de sua região e do seu tempo costumam desaprovar e condenar, e digno de aprovação e de louvor aquilo que é admitido pelo costume daqueles em meio aos quais vive. Disso segue que, se a Escritura ordena aquilo que repugna ao costume dos ouvintes ou desaprova aquilo que não repugna, se o espírito dos ouvintes já foi tomado e vencido pela autoridade da palavra, considerem tratar-se de uma locução figurada. Ora, a Escritura não ordena senão a caridade e não culpa senão a concupiscência, e desse modo forma os costumes dos homens. Igualmente, se uma opinião errada se estabelecer no espírito de alguém, qualquer outra coisa que for afirmada pela Escritura, os homens consideram como expressão figurada. Mas a Escritura não afirma senão a fé católica nas coisas passadas, futuras e presentes. Essa fé é a narração das coisas passadas, prenúncio das coisas futuras e descrição das coisas presentes; mas todas essas coisas servem para nutrir e corroborar a própria caridade, para vencer e extinguir a concupiscência.

O âmbito da caridade e da concupiscência

10.16. Chamo caridade o movimento do espírito que leva a gozar a Deus por si mesmo e gozar a si e ao próximo por causa de Deus; chamo concupiscência, porém, o movimento do espírito que leva a gozar a si, ao próximo e qualquer corpo não por causa de Deus. Todavia, aquilo que a indômita concupiscência faz para corromper seu espírito e seu corpo chama-se ignomínia; aquilo que faz para causar dano ao outro, chama-se delito. E estes são os dois gêneros de todos os pecados, mas as ignomínias precedem aos delitos. E quando a ignomínia debilitar o espírito e o levar a uma certa miséria, passa-se para os delitos, pelos quais eliminam-se os impedimentos das ignomínias ou se buscam as ajudas. Igualmente, aquilo que a caridade faz, pelo qual ajuda a si mesma, chama-se utilidade; porém, o que faz para o próximo, chama-se beneficência. E aqui a utilidade precede, porque ninguém pode beneficiar ao outro mediante aquilo que não tem. Contudo, quanto mais se destrói o reino da concupiscência, tanto mais aumenta-se o reino da caridade.

Regra das coisas que cheiram a crueldade, e simplesmente são referidas à pessoa de Deus e dos santos

11.17. Portanto, o que nas santas Escrituras se lê de duro e cruel e se atribui à pessoa de Deus ou dos seus santos, serve para destruir o reino da concupiscência. E se a coisa aparecer claramente, não deve ser referida a outro, como se fosse dita figuradamente. Como é aquele texto do apóstolo: *Acumulas para ti um tesouro de ira no dia da ira e da manifestação do justo juízo de Deus, que há de dar a cada um segundo as suas obras; a vida eterna aos que, perseverando na prática do bem, buscam a glória, a honra e a imoralidade; ira e indignação aos que são pertinazes, indóceis à verdade, mas dóceis à injustiça, tribulação e angústia para a alma de todo o homem que faz o mal, do Judeu primeiramente e, depois, do Grego* (Rm 2,5-9). Isso vale para aqueles que não quiseram vencer a concupiscência e esta é vencida junto com eles. Ao contrário, no homem sobre o qual a concupiscência dominava, mas seu reino foi demolido, vale aquela clara expressão: *E os que são de Cristo crucificaram a sua própria carne com os vícios e concupiscência* (Gl 5,24). A não ser que aqui algumas palavras sejam usadas em sentido figurado, como é *"ira de Deus"* e *"crucificaram"*. Mas não são muitas, nem são postas de maneira a tornar obscuro o sentido, constituindo uma alegoria ou um enigma, que eu chamo propriamente de locução figurada. Porém, aquilo que é dito em Jeremias: *Eis que te constituí hoje sobre as nações e sobre os reinos para arrancares e destruíres, para arruinares e dissipares* (Jr 1,10), não há dúvida de que toda a frase seja figurada e que deva ser referida ao fim do qual falamos.

Regra sobre os ditos e fatos quase ignominiosos que são atribuídos a Deus ou aos santos homens

12.18. Porém, as coisas que aos inexperientes parecem quase ignominiosas, quer sejam ditas, quer sejam feitas, e que são atribuídas a Deus ou a homens dos quais se elogia a santidade, são todas coisas figuradas, e devem ser aprofundadas para que possam nutrir a caridade. Mas quem usa coisas passageiras com mais restrição do que as usam aqueles entre os quais vive é um moderado ou um supersticioso; porém, quem as usa de modo a ultrapassar os limites do costume dos bons com quem convive, ou percebe um significado ou é um ignominioso. Com efeito, em todos estes casos, a culpa não está no uso das coisas, mas na paixão daquele que as usa. E, de modo algum, alguém que se crê sóbrio pensará que os pés do Senhor foram lavados por aquela mulher com um perfume precioso (cf. Jo 12,3), como costumam lavar os pés dos luxuriosos e dos homens maus, cujos banquetes detestamos. De fato, o bom odor representa a boa fama, que cada um consegue com as obras de uma vida boa, enquanto segue os passos de Cristo, espalhando sobre seus pés um óleo preciosíssimo. Dessa forma, aquilo que nas outras pessoas é sobretudo uma ignomínia, na pessoa divina ou profética é sinal de uma grande realidade. Assim, na verdade, uma coisa são as relações com uma prostituta nas pessoas perdidas, outra no vaticínio do Profeta Oseias (cf. Os 1,2). E se nos banquetes dos beberrões e dos depravados desnudam-se os corpos, nem por isso é ignomínia desnudar-se no banho.

Deve-se dar atenção aos lugares, aos tempos e às pessoas

12.19. Por isso, deve-se prestar diligente atenção ao que convém aos lugares, aos tempos e às pessoas, para não acusarmos temerariamente as ignomínias. Realmente, pode acontecer que um sábio use um alimento preciosíssimo sem vício algum de gulodice ou de voracidade; um insensato, porém, deseje um alimento vilíssimo com uma terribilíssima chama de gula. Assim, uma pessoa sadia preferiria alimentar-se com um peixe, segundo o costume do Senhor (cf. Lc 24,43), em lugar de lentilhas, como fez Esaú, neto de Abraão (cf. Gn 25,34) ou de cevada, à maneira dos jumentos. De fato, muitos animais não são mais continentes do que nós porque se nutrem de alimentos mais ordinários. Pois em todas essas coisas, aquilo que fazemos não deve ser aprovado ou desaprovado segundo a natureza das coisas que usamos, mas segundo o motivo pelo qual as usamos e o modo como as desejamos.

Os costumes dos antigos Pais

12.20. Através do reino terreno, os antigos justos imaginavam e preanunciavam o reino celeste. Por causa do suficiente número de filhos (cf. Virgil. Georg. 3,65), não era culpável o costume de um único homem ter ao mesmo tempo mais mulheres (cf. Gn 16,3; 25,1; 2Sm 5,13). E por isso, não era honesto que uma mulher tivesse vários maridos; com efeito, não é por isso que a mulher se torna mais fecunda, mas é, antes, torpeza de meretriz prostituir-se por dinheiro ou por filhos. Aquilo que, em semelhantes costumes, os santos daqueles tempos faziam sem ceder à paixão, a Escritura não declara culposo, embora fizessem coisas que no nosso tempo só se podem fazer por paixão. E aquilo que sobre isso é narrado, não só deve ser interpretado histórica e propriamente, mas também figurada e profeticamente, elevando--o àquele limite que é a caridade para com Deus, para com o próximo ou para com ambos. Ora, assim como, entre os Romanos antigos, ter túnicas longas e com mangas era uma ignomínia, agora, porém, não as usar entre os bem-nascidos quando se chegou à idade de vesti-las, é uma ignomínia. A mesma coisa deve-se notar quanto ao uso das outras coisas, pois é oportuno afastar a paixão, que não só faz mau uso dos costumes daqueles entre os quais se vive, mas também, ultrapassando seus limites, manifesta com ignominiosíssima explosão toda a feiura que se escondia dentro das barreiras dos costumes publicamente aceitos.

Continuação do mesmo assunto

13.21. Porém, o que convém ao costume daqueles com os quais se deve levar esta vida e é imposto pela necessidade, ou é aceito por ofício, deve ser referido pelos homens bons e grandes à utilidade ou à beneficência e deve ser tomado em sentido próprio por nós, ou em sentido figurado como é lícito que façam os profetas.

O erro daqueles que pensam não haver nenhuma justiça em si mesma

14.22. Quando pessoas que desconhecem os costumes dos outros lerem estas coisas, julgam tratar-se de ignomínias, a não ser que sejam contidas pela autoridade; e não podem tomar consciência de que todo o seu comportamento, em termos de matrimônio, banquetes, vestes e outras maneiras de viver e de se entreter, poderia parecer ignominioso a outros povos ou a outras épocas. Movidos pelos inumeráveis e variados costumes, alguns como que adormecidos, por assim dizer, embora não estivessem imersos no sono profundo da insensatez, nem acordados na luz da esperança, julgaram que não existe justiça em si mesma, mas cada povo poderia considerar justo seu próprio costume; mas como estes costumes são diferentes nos diversos povos, a justiça deve permanecer imutável, sendo evidente que a justiça não se encontra em parte alguma. Para eu não recordar muitas coisas, não compreenderam que o dito: *Não faças nunca a outro o que não quererias que outro te fizesse* (Tb 4,16), de modo algum pode variar segundo a diversidade dos vários povos. Quando essa frase for referida ao amor de Deus, morrem todas as ignomínias; se for referida ao próximo, desaparecem todos os delitos. Afinal, ninguém quer deteriorar sua habitação; portanto, não deve deteriorar a habitação de Deus, isto é, a si mesmo. E ninguém quer ser prejudicado por outro, por isso nem ele deve prejudicar o outro.

Propõe-se uma regra a ser observada nas locuções figuradas

15.23. Assim, destruída a tirania da concupiscência, reina a caridade com as justíssimas leis do amor a Deus por causa de Deus, e do amor a si e ao próximo por causa de Deus. Portanto, nas locuções figuradas observar-se-á esta regra: aquilo que se lê deve ser considerado por tanto tempo até que a interpretação tenha chegado ao reino da caridade. Porém, se isso soar já propriamente, não se suponha algum sentido figurado.

Com exemplos, ilustra-se a regra sobre locuções preceptivas

16.24. Se uma locução é preceptiva, proibindo a ignomínia ou o delito, ou ordenando a utilidade e a beneficência, não é figurada. Mas se parece ordenar a ignomínia ou o delito e proibir a utilidade e a beneficência, é figurada. Diz: *Se não comerdes a carne do Filho do homem e não beberdes o seu sangue, não tereis a vida em vós* (Jo 6,54). Parece ordenar um delito ou uma ignomínia. Portanto, fala de modo figurado, ordenando que se deve comungar na paixão do Senhor e, doce e utilmente, guardar na memória que sua carne foi crucificada e chagada por nós. Diz a Escritura: *Se teu inimigo tiver fome, dá-lhe de comer, se tiver sede, dá-lhe água para beber.* Aqui, sem dúvida alguma, ordena-nos a benevolência. Mas, aquilo que segue: *Porque assim amontoarás brasas vivas sobre a sua cabeça* (Pr 25,21-22), julgarás que é ordenado um delito de malevolência. Por isso, não duvidarás que é dito figuradamente. Porque pode ser interpretado de dois modos, um modo para prejudicar, outro para conceder um benefício. Quanto a ti, a caridade te induz a interpretá-lo no sentido de benefício, entendendo por brasas de fogo e acesas os gemidos da penitência com os quais se cura a soberba daquele que se dói de ter sido inimigo de um homem ao qual se socorre na sua miséria. Igualmente, quando o Senhor diz: *Quem ama a sua vida, perdê-la-á* (Jo 12,25), não se deve julgar que proíbe a utilidade pela qual alguém deve conservar sua alma, mas é dito figuradamente *perdê-la-á*, isto é, morra e se perca o uso que dela faz agora, uso mau e desordenado, que a faz inclinar-se para as coisas temporais, impedindo-lhe de buscar os bens eternos. Está escrito: *Dá ao compassivo e não protejas o pecador* (Eclo 12,4). A segunda parte dessa frase parece proibir a beneficência, pois diz: *não protejas o pecador*; portanto, entenda que *pecador* foi posto figuradamente em lugar de pecado, para não protegeres seu pecado.

*A Escritura ordena algumas coisas a todos
comunitariamente, outras a cada um em particular*

17.25. Muitas vezes, porém, acontece que alguém que está ou pensa estar num grau superior de vida espiritual considere que são ditas em sentido figurado as coisas ordenadas para os graus inferiores; por exemplo, se alguém abraçou a vida celibatária, e se fez eunuco por causa do reino dos céus (cf. Mt 19,12), considera que não se deve tomar em sentido próprio, mas figurado tudo o que os santos Livros prescrevem sobre como se deve amar e governar uma mulher; e se alguém decidiu não casar a sua virgem (cf. 1Cor 7,37), tentará interpretar como figurada a expressão onde se diz: *Casa a tua filha e terás feito um grande negócio* (Eclo 7,27). Por isso, entre as observações para compreender as Escrituras estará também isso: saber que algumas coisas são ordenadas a todos comunitariamente, outras, a apenas algumas categorias de pessoas, isso porque o remédio ali sugerido não se adapta exclusivamente ao estado de saúde de todos, mas também à fraqueza própria de cada membro. Na verdade, aquele que não pode ser elevado a um grau superior, deve ser curado na condição em que se encontra.

Distingue os tempos e salvarás os direitos

18.26. Além disso, deve-se cuidar de talvez não pensar que aquilo que nas antigas Escrituras foi dito para as condições daqueles tempos, embora não se entenda figuradamente, mas propriamente, e não é uma ignomínia ou um delito, possa ser transferido para o uso da vida também para estes tempos. E ninguém pensará desse modo a não ser que seja dominado pela concupiscência e que, nas próprias Escrituras pelas quais se elimina a concupiscência, também se busque um apoio para se justificar. E o miserável não compreende que aquelas coisas foram postas assim para a utilidade dos homens de boa esperança: que possam ver a salvação que o costume que desaprovam pode ter um bom uso, e aquela que abraçaram pode ser condenável. Isso acontece quando por lado se presta atenção à caridade dos que usam, e por outro, à concupiscência.

O uso de muitas mulheres era tolerável entre os hebreus

18.27. Ora, se, por algum tempo, alguém pôde usar castamente de muitas mulheres, um outro pode usar libidinosamente uma só. E eu aprovo mais quem, em vista de outro fim, usa a fecundidade de muitas mulheres, do que quem goza a carne de uma só, buscada por si mesma. De fato, ali procurava-se uma utilidade correspondente às condições daqueles tempos, aqui sacia-se a concupiscência inerente aos prazeres temporais. Assim, aqueles aos quais, por tolerância, o apóstolo concede o relacionamento carnal com uma só mulher por causa de sua incontinência (cf. 1Cor 7,2), estão um degrau mais baixo na ascensão para Deus do que aqueles que, embora tendo diversas, como o sábio que no comer e no beber visa somente a saúde do corpo, da mesma forma, no seu relacionamento com elas, ele tem em vista a procriação de filhos. Por isso, se o advento do Senhor os encontrasse nesta vida, quando já não é tempo de espalhar pedras, mas de ajuntá-las (cf. Ecl 3,5), imediatamente far-se-iam eunucos por causa do reino dos céus. Realmente, não existe dificuldade na privação a não ser que na posse exista a concupiscência. Na verdade, aqueles homens sabiam que também para suas esposas era luxúria usar de intemperança. Testemunho disso é a oração de Tobias, quando se unia à sua mulher. De fato, diz: *Bendito és, Senhor de nossos pais e bendito seja o teu nome por todos os séculos dos séculos. Bendigam-te os céus e todas as tuas criaturas. Tu criaste Adão e lhe deste Eva como auxiliar. E agora, Senhor, tu sabes que não é por paixão que recebo minha irmã por esposa, mas por fidelidade a ti, e para que tu, Senhor, tenhas misericórdia de nós* (Tb 8,7-10).

Por sua maneira de se comportar julgam maus os outros

19.28. Mas aqueles que, com uma paixão desenfreada, vagam diluindo-se por muitos estupros ou que, com a mesma única mulher, não só excedem no modo normal da procriação dos filhos, mas também acumulam uma libertinagem servil absolutamente impudente com a licenciosidade da mais inumana intemperança, estes não creem na verdade que os homens de antigamente tinham podido unir-se com temperança a muitas mulheres, não procurando no relacionamento com elas outra coisa senão o dever de procriar filhos, que condizia com aquele tempo. Aquilo que eles, oprimidos pelos laços da sensualidade, não conseguem fazer com sua única mulher, julgam que, de modo algum, era possível fazer com muitas.

Se os antigos Pais são louvados, nenhuma
fraude há nisso

19.29. Mas estes podem dizer que não convém honrar ou louvar os bons e santos homens, porque eles, quando são honrados e louvados, incham-se de soberba e desejam com maior avidez a vanglória quanto mais frequente e largamente soprar a língua mais suave da lisonja. Por ela, tornam-se tão leves que por qualquer brisa da fama, seja a favor, seja adversa, julgam que sejam lançados na voragem das ignomínias ou também colidam contra as pedras dos delitos. Portanto, vejam quanto para eles seja árduo e difícil não se deixar prender pela isca da lisonja nem penetrar pelos espinhos das injúrias e que não meçam os outros por si mesmos.

Em qualquer situação de vida, os homens bons sabem
como se comportam...

20.29. Antes, creiam que os nossos apóstolos não ficaram inchados de orgulho quando foram admirados pelos homens e não se abateram quando foram desprezados. Na verdade, àqueles homens não faltou nem uma nem outra tentação: pois tanto eram celebrados pelos elogios dos crentes, quanto difamados pelas maldições dos perseguidores. Portanto, assim como estes, segundo as circunstâncias, punham a seu serviço todas as situações e não se deixavam desviar, da mesma forma aqueles antigos, referindo-se ao uso das mulheres como convinha no seu tempo, não sofreram aquela dominação da concupiscência, da qual são escravos aqueles que não creem nessas coisas.

... o que entre os maus tem sabor de absurdo

20.30. E por isso, estes não se teriam, de modo algum, detido no implacável ódio pelos filhos, se tivessem sabido que estes haviam tentado ou corrompido suas mulheres ou concubinas, se talvez algo desse gênero tivesse acontecido.

O Rei Davi chorou amargamente a morte de Absalão

21.30. O Rei Davi, porém, tendo sofrido tal afronta da parte de seu ímpio e desumano filho, não só suportou sua insolência, mas também chorou sua morte (cf. 2Sm 18,33). Com efeito, não estava preso nos laços do ciúme carnal aquele que, de modo algum, era movido pelas injúrias, mas pelos pecados do filho. Pois, por isso, se fosse vencido, proibiu que fosse morto, para dar ao vencido um tempo de se arrepender. E como não conseguiu isso, na sua morte, não chorou a privação do filho, mas porque sabia a que penas seria arrasada uma alma tão impiamente adúltera e parricida. Isso se comprova porque quando lhe morreu um outro filho que era inocente, alegrou-se, enquanto era afligido por sua doença (cf. 2Sm 12,15-23).

Embora tenha caído em adultério, Davi esteve longe
da intemperança dos libidinosos

21.31. E isso sobretudo aparece com que moderação e temperança aqueles homens usaram de suas mulheres, porque quando o mesmo rei, levado pelo ardor da idade e pela prosperidade das coisas temporais, arremeteu-se ilicitamente sobre uma mulher e ainda ordenou que matassem seu marido, foi acusado pelo profeta. Este, quando chegou a ele para convencê-lo de seu pecado, propôs-lhe a parábola do pobre que possuía uma única ovelha, enquanto seu vizinho possuía muitas. Com a chegada de um hóspede, esse rico preparou-lhe para a refeição a única ovelha do vizinho pobre, e não uma das suas. Indignado contra ele, Davi ordenou que ele fosse morto e que ao pobre fossem dadas quatro ovelhas, para inconscientemente condenar a si mesmo que havia pecado conscientemente. E quando isso lhe foi manifestado e lhe foi predita a punição divina, lavou seu pecado pela penitência (cf. 2Sm 12,1-14). Todavia, note-se que nesta parábola da ovelha do vizinho pobre só se faz menção da violência contra a mulher, enquanto, na parábola, Davi não é arguido sobre a morte do marido da mulher, isto é, daquele pobre que possuía uma ovelha só não se diz que foi morto, para que a sentença de condenação saída da boca de Davi se referisse somente ao adultério. Disso compreende-se quanta temperança teria tido com suas muitas mulheres, se por si mesmo sentiu-se obrigado a punir-se pela transgressão cometida contra aquela única. Porém, nesse homem, a imoderada paixão não era habitual, mas transitória; por isso também, pela censura do profeta, aquela ilícita paixão é chamada hóspede. Com efeito, não disse que com a ovelha do vizinho pobre preparou uma refeição para seu rei, mas para um seu hóspede. Bem diferente aconteceu com seu filho Salomão, no qual a paixão não foi um hóspede de passagem, mas ali estabeleceu o seu reino. Dele a Escritura não se calou, culpando-o de ser um amante de mulheres (cf. 1Rs 11,1). Todavia, no início, ele teria sido inflamado de amor pela sabedoria (cf. 2Cr 1,7-12), que conseguiu mediante um amor espiritual, mas a perdeu pelo amor carnal.

*Muitas coisas convenientes nos antigos costumes
são proibidas ao Cristão*

22.32. Portanto, embora todas ou quase todas as coisas que estão contidas nos livros do Antigo Testamento não só devem ser tomadas em sentido próprio, mas também figuradamente, todavia, também aquelas que o leitor tomar sem sentido próprio, se são louvados aqueles que as cumpriram, mas são incompatíveis com os costumes dos bons, que observam os divinos preceitos após o advento do Senhor, recorra à compreensão figurada, mas não transfira o próprio fato para a sua conduta. Realmente, muitas coisas que naqueles tempos foram realizadas por dever, agora não podem ser feitas a não ser por paixão.

Regra sobre os lugares onde se narram os pecados dos grandes homens

23.33. Na verdade, se acontecer de ler os pecados dos grandes homens, poderá, é verdade, notar e indagar neles alguma figura das coisas futuras. Porém, poderá conservar também o sentido próprio do fato acontecido para seu uso, para não ousar gloriar-se de suas ações feitas corretamente e condenar os outros como pecadores em vista de sua própria justiça, enquanto observa homens tão insignes envoltos em tempestades que se devem evitar ou naufrágios que devem ser lamentados. Afinal, os pecados daqueles homens estão escritos a fim de que em toda a parte cause espanto aquela expressão do apóstolo, que diz: *Por isso, aquele que julga estar de pé, cuide de não cair* (1Cor 10,12). Quase não existe página alguma dos santos Livros na qual não se ouça que *Deus resiste aos soberbos e dá a sua graça aos humildes* (Tg 4,6).

Antes de mais nada, deve-se considerar o gênero da locução

24.34. Por isso, antes de mais nada, devemos investigar se a expressão que tentamos compreender tem sentido próprio ou figurado. Pois, tendo descoberto que é figurado, recorrendo às normas que temos tratado no primeiro livro, será fácil examiná-la sob todos os aspectos até chegar à interpretação verdadeira, especialmente se lhe acrescentarmos o uso consolidado pelo exercício da piedade. Ora, encontraremos que é uma expressão própria ou figurada recordando aquilo que foi dito acima.

25.34. Quando isso aparecer, encontrar-se-á que as palavras que encerram o pensamento foram tomadas de coisas semelhantes ou que tenham alguma afinidade com elas.

A mesma palavra não tem sempre o mesmo significado

25.35. Mas porque coisas semelhantes aparecem nas coisas de muitos modos, não devemos crer que esteja prescrito que quando uma coisa tem um valor figurado signifique sempre o que, por analogia, significa em determinada passagem. Pois o Senhor usou o termo fermento tanto como repreensão, quando disse: *Guardai-vos do fermento dos Fariseus* (Mt 16,11), quanto como louvor, quando disse: *É semelhante ao fermento que uma mulher tomou e misturou em três medidas de farinha, até que ficasse tudo levedado* (Lc 13,21).

A observação da variedade tem duas formas...

25. 36. Por isso, a observação dessa variedade tem duas formas. De fato, cada coisa significa um objeto ou um outro com um significado que pode ser o contrário ou somente diferente. Tem significado contrário quando a mesma coisa, por força da semelhança, é tomada ora num sentido bom, ora num sentido mau, como dizia-se acima a propósito do fermento. A mesma coisa acontece com a palavra leão, que significa Cristo onde diz: *Venceu o leão da tribo de Judá* (Ap 5,5) e significa também o diabo, onde está escri-

to: *O vosso adversário, o diabo, anda ao redor, como um leão a rugir, buscando a quem devorar* (1Pd 5,8). Assim, a serpente é tomada em sentido bom: *Prudentes como serpentes* (Mt 10,16), mas em sentido mau: *A serpente seduziu Eva na sua astúcia* (2Cor 11,3). O pão, em sentido bom: *Eu sou o pão vivo, que desceu do céu* (Jo 6,51), pão, em sentido mau: *Comeis o pão tomado às escondidas* (Pr 9,17). E assim com muitas outras palavras. E de fato, estas que recordei, não contêm dúvidas no seu significado, porque devendo trazê-las como exemplo, não podiam recordar senão coisas evidentes. Porém, existem algumas que apresentam incertezas quanto ao sentido no qual devam ser tomadas, como: *Na mão do Senhor há um cálice que contém vinho puro cheio de mistura* (Sl 74,9). É incerto se o cálice significa a ira de Deus que não chega ao castigo extremo, isto é, até as fezes; ou antes, a graça das Escrituras que passa dos Judeus para os Gentios, porque diz: *Ele o inclina de um lado para o outro*, enquanto permanecem entre os Judeus as observações que eles entendem de maneira carnal, porque *as suas fezes não se esgotaram* (*ibidem*). Um exemplo de quando as coisas não são postas em sentido contrário, mas só diferente, é aquele da água, que pode significar o povo, como lemos no *Apocalipse* (Ap 17,15), e o Espírito Santo do qual se diz: *Do seu seio correrão rios de água viva* (Jo 7,38). Aliás, o termo água pode significar e ser entendido de vários modos, segundo as passagens nas quais se encontra.

... às vezes até muitas

25.37. Do mesmo modo, existem outras coisas que não devem ser tomadas isoladamente, mas no seu conjunto, pois cada uma delas significa não só duas realidades diferentes, mas, por vezes, também várias, segundo o lugar que ocupa na frase em que está inserida.

*As passagens obscuras devem ser
explicadas pelas claras*

26.37. Pelas passagens que são postas com maior clareza, deve-se aprender como entender as mais obscuras. Com efeito, não pode ser melhor entendido o que foi dito a Deus: *Toma as tuas armas e o teu escudo e levanta-te em meu socorro* (Sl 34,2), do que pelo lugar onde se lê: *Senhor, tu nos coroaste com o escudo da tua boa vontade* (Sl 5,13). Todavia, não no sentido que, onde quer que escudo for posto como defesa, não entendamos outra coisa senão a vontade de Deus. Com efeito, também foi dito: *Empunhai o escudo da fé, com o qual possais apagar todos os dardos inflamados do maligno* (Ef 6,16). Aliás, falando de semelhantes armas, não devemos referir a fé somente ao escudo, pois em outra passagem fala-se também da couraça da fé, onde diz: *Revestidos da couraça da fé e da caridade* (1Ts 5,8).

*Nada proíbe que a mesma passagem seja
entendida de vários modos*

27.38. Quando das mesmas palavras da Escritura, não se tira um sentido apenas, mas se percebem dois ou mais, mesmo que seja desconhecido o pensamento do autor, não existe perigo algum, contanto que se possa demonstrar por outras passagens das santas Escrituras que cada um está de acordo com a verdade. Todavia, quem investiga os oráculos divinos deve esforçar--se para chegar à vontade do autor através do qual agiu o Espírito Santo; quer ele consiga isso, quer daquelas palavras tire outra conclusão, mas não incompatível com a fé, ele é isento de culpa enquanto tem a seu favor o testemunho de outra passagem dos oráculos divinos. Na verdade, nas mesmas palavras que nós queremos compreender, talvez aquele autor viu a nossa interpretação, ou, certamente e sem dúvida alguma, o Espírito Santo, que compôs tais passagens por meio do autor, previu que também tal interpretação teria vindo à mente do leitor ou do ouvinte, e até, porque também ela está fundada na verdade, providenciou que isso acontecesse. Pois, o que nos oráculos divinos poder-se-ia prever de mais amplo e fecundo da Providência do que as mesmas palavras serem entendidas de muitos modos e comprovadas por outros textos não menos divinos?

Um texto incerto manifesta-se mais seguramente por outros textos da Escritura do que pela razão

28.39. Mas quando se chega um sentido cuja incerteza não pode ser eliminada recorrendo a outras passagens certas das santas Escrituras, resta-nos torná-lo mais claro aduzindo motivos racionais, mesmo que o autor, cujas palavras procuramos compreender, talvez não tivesse em mente tal sentido. Mas este hábito é perigoso; afinal, à luz das divinas Escrituras caminha-se com muito mais segurança. E quando queremos perscrutá-las onde são opacas pelo uso de palavras figuradas, é preciso que saia uma interpretação que não dê lugar a controvérsias, ou se houver, sejam resolvidas aplicando textos da mesma Escritura onde são encontrados e usados.

Necessidade de conhecer os tropos

29.40. Os que conhecem as letras, porém, saibam que os nossos autores usaram de todas as maneiras de expressão que os gramáticos chamaram pelo nome grego de tropos; e o fizeram com mais frequência e com maior riqueza do que podem pensar ou crer os que os desconhecem ou aprenderam essas coisas de outros. Todavia, os que conhecem esses tropos, encontraram-nos nas santas Letras e, por sua ciência, são muito ajudados na sua compreensão. Mas não convém ensiná-los aqui aos que os ignoram, para não dar a impressão de que queremos ensinar a arte da gramática. Aconselho que os estudem em outro lugar, embora já tenha advertido acima, isto é, no livro segundo, quando falei da necessidade do conhecimento das línguas. De fato, as letras, das quais a própria gramática tomou o nome – afinal, os Gregos chamavam as letras de γράμματα -, são propriamente sinais de sons, que servem para articular a voz com a qual falamos. Nos Livros divinos não só lemos exemplos desses tropos, como de todas as coisas, mas também os nomes de alguns, como a alegoria, o enigma, a parábola. Embora quase todos os tropos que se diz possam ser conhecidos pela específica arte liberal, também se encontrem no modo de falar daqueles que não ouviram gramático algum, e se contentam com a linguagem em uso entre o povo. Afinal, quem não diz: Assim floresças? É um tropo que se chama metáfora. Quem não diz piscina, também àquela que não tem peixes, nem é feita por causa dos peixes e, todavia, recebeu o nome dos peixes? Este tropo chama-se catacrese.

A *ironia ou a antífrase*

29.41. Seria longo continuar a examinar desse modo os outros tropos. Na realidade, o modo de falar popular chegou a inventar também aqueles que são os mais estranhos, porque significam coisas contrárias àquilo que se diz. Assim é com os tropos chamados *ironia* ou *antífrase*. Na *ironia*, pelo tom da voz indica-se o que se quer expressar; por exemplo, a um homem que agiu mal, dizemos: Boas coisas fazes; na *antífrase*, porém, para significar o contrário, não se recorre ao tom da voz de quem pronuncia, mas, ou usamos certas palavras próprias, cuja origem vem do contrário, como chamamos de *lucus* (= bosque sagrado) porque simplesmente não tem luz; ou, embora não se fale por contrários, o costume habituou a falar assim; por exemplo, quando procuramos encontrar uma coisa que ali não existe e nos respondem: Há em abundância! E ainda, quando com o acréscimo de palavras fazemos que se entenda o contrário do que dizemos, como quando afirmamos: Cuidado com ele, porque é um bom homem! E quem é o ignorante que não usa expressões como estas, mesmo que simplesmente não saiba o que são tropos e como se chamam? Seu conhecimento é necessário para resolver as ambiguidades das Escrituras, porque, se tomarmos o sentido pela propriedade das palavras, é absurdo e, portanto, deve-se investigar caso por caso, para que talvez aquilo que compreendemos não tenha sido dito, segundo este ou aquele tropo. E assim, muitas coisas obscuras foram esclarecidas.

São apreciadas as Regras do donatista Ticônio

30.42. Um certo Ticônio, que escreveu de maneira muito incansável contra os Donatistas, sendo ele um Donatista, e nisso mostra que tem um coração absurdíssimo, porque de forma alguma quis separar-se deles, compôs um livro que chamou *As Regras*, porque nele tratou de sete regras que, usadas quase como chaves, poderiam esclarecer todas as coisas obscuras das divinas Escrituras. Como primeira delas, pôs aquela sobre *o Senhor e seu corpo*; a segunda: *O corpo do Senhor em suas duas partes*; a terceira: *As promessas e a Lei*; a quarta: *A espécie e o gênero*; a quinta: *Os tempos*; a sexta: *A recapitulação*; a sétima: *O diabo e seu corpo*. Ora, essas regras, consideradas como ele as expõe, constituem uma não pequena ajuda para penetrar as coisas obscuras das divinas letras; todavia, com estas regras não se pode descobrir tudo o que na Escritura é escrito de maneira difícil de ser compreendido, e é preciso recorrer a muitos outros modos que ele não incluiu no número sete, de maneira que ele próprio expõe muitas passagens obscuras sem recorrer a uma de suas regras, porque não há necessidade. Com efeito, existem coisas das quais ele não trata, nem investiga. Por exemplo, no *Apocalipse* de João, ele busca saber como se devam entender aqueles anjos das sete Igrejas aos quais se ordena escrever. E depois de muitas reflexões, chega à conclusão que pelos próprios anjos devemos entender as Igrejas (cf. Ap 1,20). Em todo este extensíssimo tratado nada existe dessas regras, mesmo que ali se investiguem coisas muito obscuras. Como exemplo, é suficiente que se diga isso, pois seria longo e trabalhoso demais reunir todas as passagens que nas Escrituras canônicas são tão obscuras que se deva recorrer a essas sete regras.

A Regras de Ticônio devem ser usadas com muita cautela

30.43. Ticônio, porém, quando quer recomendar suas regras, atribui-lhes tanto valor que, bem conhecidas e usadas como se deveria, permitiriam compreender quase todas as passagens obscuras que encontramos na Lei, isto é, nos Livros divinos. Na verdade, iniciou seu livro com as seguintes palavras: *Antes de todas as coisas que me parecia dever tratar, considerei necessário escrever um livrinho das Regras e fabricar as chaves e os luminares dos segredos da lei. Trata-se de certas regras místicas que penetram todos os recônditos da lei e tornam visíveis os tesouros da verdade que a alguns seriam invisíveis. Se o sistema das regras for aceito sem inveja, assim como o comunicamos, qualquer coisa fechada será aberta e todas as coisas obscuras tornar-se--ão luminosas, porque quem tiver de andar pela imensa selva da profecia, guiado por estas regras como por clarões de luz, será defendido do erro* (Ticônio, *As Regras*, Prefácio). Se aqui tivesse dito: São algumas regras místicas com as quais se consegue penetrar alguns recônditos da lei, ou, certamente, com os quais se consegue penetrar nos grandes recônditos da lei, não teria dito *todos* os recônditos da lei, nem *abrir-se-ão todos os recônditos*, mas abrir-se-ão muitos recônditos, teria dito a verdade. E à sua obra, tão elaborada e tão útil, não deveria ter dado mais valor do que exige o problema em si mesmo, dando ao leitor e conhecedor uma falsa esperança. Por isso, julguei que deveria dizer todas essas coisas, para que o próprio livro tanto seja lido pelos estudiosos, porque muito ajuda a compreender as Escrituras, quanto dele não se espere que dê o que não tem. Na verdade, deve ser lido com cautela, não só por certos erros que o autor, como homem, cometeu, mas sobretudo por aqueles outros que comete falando como um herege donatista. Contudo, mostrarei brevemente o que ensinam ou sugerem estas sete regras.

A primeira regra de Ticônio

31.44. A primeira regra é: *O Senhor e seu corpo*. Ora, sabemos que, por vezes, somos levados a considerar como única a pessoa da cabeça e do corpo, isto é, de Cristo e da Igreja. Afinal, ~~s cristãos não é dito em vão: *Vós sois a descendência de Abraão* (Gl 3,29), quando a descendência de Abraão é uma só, e esta é Cristo. Portanto, não hesitemos quando se passa da cabeça ao corpo ou do corpo para a cabeça, sem que se renegue a única e idêntica pessoa. Com efeito, é uma a pessoa que fala quando diz: *Cobriu-me como um esposo com uma coroa e adornou-me como a esposa com suas joias* (Is 61,10). E, todavia, deve-se compreender qual destas duas coisas pertence à cabeça e qual ao corpo, isto é, qual a Cristo e qual à Igreja.

A segunda regra de Ticônio

32.45. A segunda regra é: *O corpo do Senhor dividido em duas partes*. Esta, na verdade, não deveria ser chamada assim. De fato, não é corpo do Senhor aquele que não estiver para sempre com ele. Mas deveria ter dito: O corpo do Senhor, o verdadeiro e o misto; ou: o verdadeiro e o simulado, ou algo assim, porque não só na eternidade, mas também agora não se deve dizer que os hipócritas estão com ele, embora pareçam estar em sua Igreja. Por isso, também esta regra poderia chamar-se assim: A Igreja mista. Mas esta regra exige um leitor vigilante, pois quando a Escritura já fala a outros, parece falar aos mesmos aos quais falava antes, ou dos mesmos quando já fala dos outros, como se fosse um o corpo de ambos, por causa da temporária mistura e comunhão dos sacramentos. A isso refere-se o dito do Cânticos dos

Cânticos: *Sou morena, mas formosa; sou como as tendas de Cedar, como os pavilhões de Salomão* (Ct 1,4). Realmente, não diz: Fui morena como as tendas de Cesar e sou formosa como os pavilhões de Salomão. Disse que é ao mesmo tempo uma e outra coisa por causa da unidade temporária entre uma rede de peixes bons e maus (cf. Mt 13,48). Ora, as tendas de Cedar pertencem a Ismael, que não será herdeiro junto como filho da mulher livre (cf. Gn 21,10; Gl 4,30). Portanto, já que da parte boa Deus diz: *Guiarei os cegos por um caminho que eles não conhecem e fá-los-ei andar por veredas que ignoram; mudarei diante deles as trevas em luz e os caminhos tortuosos em direitos; farei isto em favor deles e não os desampararei.* Depois diz da outra parte, que é mista, embora má: *Eles, porém, voltarão para trás* (Is 42,16-17), embora com estas palavras já se indiquem os outros. Mas porque agora estão numa unidade, fala deles como daqueles sobre os quais falava antes. Mas não estarão sempre unidos. Na verdade, trata-se daquele scrvo recordado no Evangelho, cujo patrão quando vier o dividirá e porá uma parte dele com os hipócritas (cf. Mt 24,51).

A terceira regra de Ticônio

33.46. A terceira regra é: *As promessas e a Lei* que, com outras palavras, pode chamar-se: O espírito e a letra, como a chamamos nós quando escrevemos um livro sobre esse assunto. Também pode chamar-se: A graça e o preceito. Ora, este me parece ser antes um grande problema e não uma regra a ser usada para resolver as questões. É o que não entenderam os Pelagianos que, assim, fundaram ou, ao menos, aumentaram sua heresia. Ticônio trabalhou bem para dissolvê-la, mas não completamente. Com efeito, discutindo sobre a fé e as obras, ele disse que as obras nos são dadas por Deus por mérito da fé, enquanto a fé em si mesma é coisa nossa sem que Deus a infunda em nós. Nem deu atenção ao que diz o apóstolo: *Paz aos irmãos e caridade com fé da parte de Deus Pai e do Senhor Jesus Cristo* (Ef 6,23). Mas ele não havia conhecido a existência dessa heresia que, nascida em nosso tempo, pôs-nos muito à prova para que defendêssemos contra ela a graça de Deus, que é dom de nosso Senhor Jesus Cristo. E segundo aquilo que diz o apóstolo: *Convém que haja até heresias, para que se manifeste os que são comprovados entre vós* (1Cor 11,19). Esta falsa doutrina tornou-nos mais vigilantes e atentos, para que, nas santas Escrituras, percebêssemos coisas que fugiram a este Ticônio, menos atento e menos preocupado com o inimigo do que nós e, precisamente, que a própria fé é dom daquele que a distribui a cada um segundo a própria medida (cf. Rm 12,3). Por este pensamento foi dito a alguns: *A vós foi dado por amor de Deus, não só que creiais nele, mas também que sofrais por ele* (Fl 1,29). Por isso, quem há de duvidar que a fé e o sofrimento são dom de Deus, se entender com fé e inteligência que ambos são doados? Existem também muitos outros testemunhos pelos quais se mostra isso, mas por ora não tratamos disso. Temos tratado disso muitíssimas vezes em outras obras.

A quarta regra de Ticônio

34.47. A quarta regra de Ticônio é: *A espécie e o gênero*. Ele a chama assim, querendo que por espécie se entenda a parte, e, por gênero, o todo, do qual aquela que ele chama de espécie é uma parte. Assim cada cidade é, na verdade, parte da universalidade dos Povos; ele chama a cidade de espécie, mas todos os Povos, gênero. E não é aqui o caso de usar a subtileza de discernir, em uso entre os dialéticos, que discutem com muita agudeza para estabelecer a diferença entre parte e espécie. O mesmo raciocínio, se não para cada cidade, ao menos para cada província, povo, ou reino, vale quando uma coisa desse tipo se encontra nas palavras divinas. Por exemplo, nem só de Jerusalém, ou de qualquer cidade do mundo pagão, como Tiro, Babilônia ou qualquer outra, dizem-se nas santas Escrituras coisas que superam suas dimensões e convêm antes a todos os Povos, mas também da Judeia, do Egito, da Assíria e de qualquer outro povo, nos quais existem várias cidades, que não são todo o povo, mas só uma parte, dizem-se coisas que ultrapassam suas dimensões e convêm antes ao todo em si mesmo, do qual elas são parte, ou, como se expressa Ticônio, convêm ao gênero, nenhuma das quais seria uma espécie. Assim, essas palavras passaram para o domínio popular, de modo que também o iletrado compreende aquilo que num decreto imperial é estabelecido de maneira especial ou de maneira geral. Isso acontece também com os homens; como as coisas que se dizem de Salomão ultrapassam a referência a ele, e alcançam a plena luz quando são referidas a Cristo ou à Igreja, da qual ele é uma parte.

Mostra-se a quarta regra de Ticônio com exemplos

34.48. Nem sempre a espécie é ultrapassada; pois, muitas vezes, dizem-se coisas que de maneira muito clara convêm também à espécie ou, talvez, somente a ela; mas quando da espécie se passa para o gênero, enquanto parece que a Escritura ainda fale da espécie, em tal caso, o leitor deve prestar muita atenção para não procurar na espécie aquilo que pode encontrar mais fácil e seguramente no gênero. Na verdade, coisas assim são facilmente encontradas naquilo que diz o Profeta Ezequiel: *Os da casa de Israel habitaram na sua terra e a contaminaram com as suas obras e com os seus afetos; o seu caminho tornou-se diante de mim como a imundície da mulher menstruada. E eu então derramei a minha indignação sobre eles, por causa do sangue que derramaram sobre a terra, e dos seus ídolos com que a contaminaram. Dispersei-os entre as nações e foram disseminados para várias terras: julguei-os segundo os seus caminhos e segundo as suas obras* (Ez 36,17-19). É fácil, dizia, entender essas palavras sobre aquela casa de Israel, da qual o apóstolo diz: *Considerai o Israel segundo a carne* (1Cor 10,18), porque o carnal povo de Israel tanto fez como sofreu todas essas coisas. Também as coisas que vêm a seguir, entende-se que convêm àquele povo. Mas quando começa a dizer: *Eu santificarei o meu grande nome que foi profanado entre as nações, o qual vós desonrastes no meio delas; e as nações saberão que eu sou o Senhor* (Ez 36,23), quem lê deve estar atento e ver como se ultrapassa a espécie e se chega ao gênero. Com efeito, continua e diz: *E quando eu for santificado em vós ante seus olhos e vos tirarei dentre as nações, vos congregarei de todos os países e vos trarei para a vossa terra. Derramarei sobre vós uma água pura, sereis purificados de todas as vossas imundícies, purificar-vos-ei de todos os vossos ídolos. Dar-vos-ei um coração novo e porei um novo espírito no meio de vós, tirarei da vossa carne o coração de pedra e dar-vos-ei um coração de carne. Porei o meu espírito no meio de vós, farei que andeis nos meus preceitos, que guardeis as minhas leis e que as pratiqueis. Habitareis na terra que eu dei a vossos pais; vós sereis o meu povo e eu serei o vosso Deus. Purificar-vos-ei de todas as vossas imundícies* (Ez 36,23-29). Isso foi profetizado do Novo Testamento, ao qual pertence não só aquele único povo e seus herdeiros, do qual está escrito em outro lugar: *Ainda que o teu povo, ó Israel, fosse tão numeroso como a areia do mar, só algumas relíquias dele se converterão* (Is 10,22), mas também as outras nações que foram prometidas em herança a seus pais, que, afinal, são também os nossos pais. Não fica confuso quem vê como é prometido o banho da regeneração que, atualmente, vemos administrado a todos os povos, e pensa naquele que diz o apóstolo, destacando a excelência da graça do Novo Testamento em comparação com aquele do Velho: *A nossa carta sois vós, escrita não com tinta, mas com o Espírito do Deus vivo, não em tábuas de pedra, mas em tábuas carnais do coração* (2Cor 3,2-3). Aqui ele vê e reconhece claramente que esse texto é tirado da passagem onde o profeta diz: *Dar-vos-ei um novo coração e porei um novo espírito no meio de vós, tirarei da vossa carne o coração de pedra e dar-vos-ei um coração de carne*. Na verdade, um coração de carne, do qual o apóstolo diz: *Em tábuas carnais do coração*, onde quis distinguir do coração de pedra, dotado de vida sensitiva e na vida sensitiva quis significar a vida intelectiva. Assim, forma-se o Israel espiritual, que não resulta de um só povo, mas de todos os povos, prometidos aos pais com sua descendência, que é Cristo.

Outros exemplos: o Israel espiritual e o Israel carnal

34.49. Portanto, aqui o Israel espiritual distingue-se do Israel carnal, limitado a um só povo pela novidade da graça e não pela nobilidade da pátria, pelo espírito e não pela raça que o compõe. Mas quando o profeta, das alturas em que se encontra, fala deste segundo [Israel] ou a este segundo, sem que nós percebamos passa ao primeiro [Israel], e quando fala do primeiro ou ao primeiro, parece que ainda fala do outro ou ao outro. Mas não faz isso para quase hostilmente tirar-nos a compreensão das Escrituras, mas para medicinalmente treinar a nossa mente. Por isso, aquilo que diz: *E vos trarei para a vossa terra*, e pouco depois, como que para repetir a mesma coisa, diz: *E habitareis na terra que dei a vossos pais*, não devemos entendê-la carnalmente como o Israel carnal, mas espiritualmente como espirituais. Na verdade, a Igreja, *sem mancha e sem ruga* (Ef 5,27), congregada de todos os Povos e que há de reinar eternamente com Cristo, é a terra dos bem-aventurados, a terra dos vivos (cf. Sl 26,13). E é preciso entendê-la como dada a nossos pais quando lhes foi prometida por Deus com vontade certa e irrevogável, porque ela já foi dada com a firmeza da promessa ou da predestinação e os pais acreditaram que ela seria dada a seu tempo, como escrevendo a Timóteo sobre a própria graça que é dada aos santos, o apóstolo diz: *Deus nos salvou e nos chamou com uma vocação santa, não pelas nossas obras, mas segundo o seu beneplácito e graça, que nos foi dada em Jesus Cristo antes de todos os séculos e que agora foi manifestada pela aparição de nosso Salvador* (2Tm 1,9-10). Disse que a graça foi dada quando nem existiam aqueles aos quais ela seria dada, porque no plano e na predestinação de Deus já havia chegado aquele que a seu tempo chegaria; ele diz que se manifestaria. Além disso, essas palavras poderiam ser entendidas também como sendo da terra do mundo futuro, quando haverá um novo céu e uma nova terra (cf. Ap 21,1), na qual não poderão habitar os injustos. E por isso, diz-se aos fiéis que ela é a sua terra e que em parte alguma será dos ímpios, porque também ela, de modo semelhante, foi dada, quando se estabeleceu que seria dada.

Mostra-se por exemplos a quinta regra de Ticônio

35.50. Como quinta regra, Ticônio põe aquela que ele chama: *Os tempos*. Por essa regra, pode-se descobrir ou conjeturar a quantidade dos tempos deixada na obscuridade pelas santas Escrituras. Ele diz que essa regra é válida de duas maneiras: ou no tropo chamado *sinédoque* ou nos números perfeitos. A *sinédoque* é um tropo que consente tomar o todo pela parte ou a parte pelo todo. Por exemplo, um Evangelista diz que oito dias depois, enquanto o outro diz seis dias depois, aconteceu o fato no qual, sobre o monte, na presença de somente três discípulos, o rosto do Senhor tornou-se resplendente como o sol e suas vestes como a neve (cf. Lc 9,28; Mt 17,1-2; Mc 9,1-2). Ora, as afirmações que falam do número dos dias, não podem ser ambas verdadeiras, a não ser que aquele que disse oito dias depois entenda por um dia a última parte do dia em que Cristo predisse o acontecimento, e por mais um dia a primeira metade do dia em que o realizou. O outro Evangelista, aquele que disse depois de seis dias, computou somente os dias completos, inteiros, isto é, só os dias no meio. Com este modo de falar, pelo qual se indica o todo pela parte, resolve-se também a conhecida questão sobre a ressurreição de Cristo. De fato, se não se toma a última parte do dia em que sofreu a paixão e se considera como um dia inteiro, compreendendo também a noite que a havia precedido, e se não se toma como dia inteiro também a noite ao término da qual ressuscitou, isto é, acrescentando ao domingo do qual era a madrugada, não se pode ter os três dias e as três noites que ele havia predito permanecer no coração da terra (cf. Mt 12,40).

Os números místicos

35.51. Ticônio diz que são números perfeitos aqueles aos quais a divina Escritura dá um valor especial, como o sete, o dez, o doze e qualquer outro que lendo os estudiosos reconhecem facilmente. Ora, geralmente, esses números são usados para indicar a totalidade do tempo. Assim, diz-se: *Louvar-te-ei sete vezes ao dia* (Sl 118,164), não significa outra coisa senão *seu louvor estará sempre em minha boca* (Sl 33,2). E têm o mesmo significado quando se multiplicam por dez, como setenta ou setecentos, donde se pode interpretar espiritualmente a expressão *setenta anos* em Jeremias e entendê-los por todo o tempo em que a Igreja está com estranhos (cf. Jr 25,11; 29,10); ou multiplicados por si mesmos, como dez vezes dez são cem, e doze vezes doze são cento e quarenta e quatro, número com o qual, no Apocalipse, indica-se a totalidade dos santos (cf. Ap 7,4). Por onde aparece que com esses números não só se resolvem questões de tempos, mas seu significado possui uma amplidão maior e compreende muitas coisas. Com efeito, este número do Apocalipse não se refere aos tempos, mas aos homens.

Sexta regra de Ticônio

36.52. Ticônio chama a sexta regra de *Recapitulação*, encontrada com muita vigilância nas obscuridades das Escrituras. Com efeito, assim são ditas algumas coisas como se fossem posteriores na ordem do tempo ou como se fossem narradas segundo a continuação real, enquanto, sem se notar, a narração volta a fatos anteriores e que foram omitidos. Se, na presente regra, não se entender isso, erra-se. Como no Gênesis, que diz: *O Senhor Deus plantou um paraíso de delícias, no qual pôs o homem que havia formado. E o Senhor Deus produziu da terra toda a espécie de árvores formosas à vista, e de frutos doces para comer* (Gn 2,8-9); assim pareceria dizer-se que tudo isso foi feito depois que Deus havia posto no paraíso o homem que havia criado; quando recordamos, brevemente, as duas coisas, isto é, que Deus plantou o paraíso e que ali pôs o homem que havia formado, a Escritura volta ao começo, recapitulando, e diz o que havia omitido, isto é, como o paraíso fora plantado e que Deus produziu ainda da terra toda árvore preciosa e boa para ser comida. Depois, prosseguindo acrescenta: *E a árvore da vida no meio, e a árvore da ciência do bem e do mal* (Gn 2,9). Depois o rio, com o qual se irrigava o paraíso, que se dividia em quatro cursos de água; tudo isso pertence à configuração do paraíso. Assim que terminou isso, repete aquilo que havia dito e que, na verdade, dever-se-ia dizer depois, e diz: *E o Senhor Deus tomou o homem e colocou-o no paraíso* (Gn 2,15), e as outras coisas. De fato, o homem foi ali colocado depois que todas as outras coisas haviam sido criadas, como a ordem demonstra agora. Não é que todas as outras criaturas foram feitas depois que o homem havia sido ali colocado, como poder-se-ia crer pela primeira leitura, se não se introduzir inteligentemente a figura da recapitulação, com a qual volta-se àquilo que fora omitido.

A confusão das línguas e a dispersão dos povos

36.53. Igualmente, no mesmo livro, quando se mencionam as gerações dos filhos de Noé, diz-se: *Estes são os filhos de Cam, segundo suas tribos, línguas, regiões e nações* (Gn 10,20). E ainda, enumerados os filhos de Sem, diz-se: *Estes são os filhos de Sem, segundo suas línguas, regiões e nações* (Gn 10,31). E se acrescenta sobre todos: *Estas são as tribos de Noé, segundo as suas gerações e suas nações. Delas saíram todas as ilhas de nações sobre a terra após o dilúvio. E toda a terra tinha uma só língua e o mesmo modo de falar* (Gn 10,32; 11,1). Portanto, acrescenta-se isso: *Toda a terra tinha uma só língua e o mesmo modo de falar*, isto é, uma língua comum. Isso pareceria ser dito como se também no tempo em que foram dispersos sobre toda a terra, nela compreendidas as ilhas das nações, a língua ainda fosse única e comum a todos. Isso, sem dúvida, repugna às palavras ditas acima, onde se disse: *segundo suas tribos e segundo suas línguas*. Com efeito, não se deveria dizer que cada tribo já tinha sua língua própria, aquelas tribos que deram origem às diversas nações, se é verdade que única e comum era a língua de todas. Por isso, recapitulando, foi acrescentado: *Toda a terra tinha uma só língua e o mesmo modo de falar*, retomando-se, de maneira velada, à narração, dizendo como aconteceu que os homens, que haviam tido todos uma única língua, estivessem divididos em muitas línguas. E imediatamente narra-se a construção da torre pela qual, segundo o juízo divino, foi-lhe infligido aquele castigo, merecido por causa da soberba.

Depois disso, foram dispersos por toda a terra e cada um teve a própria língua.

Os conselhos narrados por Lc 17,29-32

36.54. Essa recapitulação acontece também em passagens mais obscuras, como no Evangelho, onde o Senhor diz: *No dia em que Lot saiu de Sodoma, choveu fogo e enxofre do céu, que exterminou a todos. Assim será no dia em que se manifestar o Filho do homem. Nesse dia, quem estiver no terraço e tiver os seus móveis em casa, não desça para tomá-los; e, da mesma sorte, quem estiver no campo, não volte atrás. Lembrai-vos da mulher de Lot* (Lc 17,29-32; cf. Gn 19,26). Por acaso, quando o Senhor se revelar, então será necessário observar estas coisas, isto é, não olhar para trás, ou não voltar para a vida passada à qual se renunciou? E não será antes para este tempo, para que, quando o Senhor se revelar, se receba a recompensa por aquilo que cada um observou ou desprezou? E, todavia, porque se disse: *Naquela hora*, então dever-se-ia julgar que estas normas devam ser observadas quando o Senhor se revelar, se a atenção de quem lê não está vigilante para ali descobrir uma recapitulação. Nesse sentido, outra passagem da Escritura pode ajudar, pois no tempo dos apóstolos, exclamou: *Filhinhos, é a última hora* (1Jo 2,18). Portanto, o tempo é aquele em que o Evangelho é pregado, até o dia em que o Senhor se manifestar, é a hora em que convém que se observe, porque a própria revelação do Senhor faz parte da mesma hora que terminará no dia do juízo (cf. Rm 2,5; 13,11).

A sétimo regra de Ticônio

37.55. A sétima e última regra de Ticônio é: *O diabo e seu corpo*. Realmente, ele é a cabeça dos ímpios que, de certo modo, são o seu corpo, e que irão com ele para o suplício do fogo eterno (cf. Mt 25,41), assim como Cristo é a cabeça da Igreja, que é seu corpo e, com ele, irá para o reino e para a glória eterna (cf. Ef 1,22-23). Portanto, assim como na primeira regra, que Ticônio chama: *O Senhor e seu corpo*, é preciso estar vigilante para compreender, quando a Escritura fala de uma única e mesma pessoa, o que convém à cabeça e o que convém ao corpo. Assim também nesta última regra, por vezes, pode-se aplicar ao diabo aquilo que não encontramos nele mesmo, mas antes no seu corpo. De fato, ele tem um corpo constituído não só por aqueles que clarissimamente estão fora [da Igreja], mas também por aqueles que, mesmo pertencendo a ele, todavia, estão temporariamente unidos à Igreja, enquanto cada um não sai deste mundo ou enquanto a palha não for separada do trigo na eira pelo último ventilador (cf. Lc 3,17). Ora, isso está escrito em Isaías: *Como caiu do céu o astro brilhante, que, ao nascer do dia, brilhava* (Is 14,12), e as outras coisas que, sob a figura do rei de Babilônia, no mesmo contexto do discurso, são ditas coisas referentes à própria pessoa do rei ou que são a ele dirigidas, no entanto, entendem-se bem do diabo, enquanto aquilo que na mesma passagem é dito: *Foi arrojado por terra aquele que envia [mensageiros] a todos os Povos* (*ibidem*), não se adapta todo à própria cabeça. Pois, embora o diabo envie a todos os povos os seus anjos, todavia, na terra, é arrojado o seu corpo, não ele mesmo; a não ser que estando no seu corpo, que é arrojado e se torna como pó, que o vento dispersa da superfície da terra (cf. l 1,4).

Conclusão do livro: gêneros literários, necessidade da oração

37.56. Ora, todas essas regras, exceto uma chamada *As promessas e a Lei*, mediante uma coisa fazem compreender uma outra, o que é próprio da linguagem dos tropos, que, aliás, segundo me parece, estende-se mais do que se pode compreender por um só elemento. Pois onde quer que se diga uma coisa para que se compreenda outra, embora o nome do tropo não se encontre na arte retórica, todavia, trata-se de uma expressão trópica. Mas se for usada onde se costuma usá-la, sem esforço obtém-se a compreensão; porém, se é usada onde costumeiramente não é encontrada, é difícil compreendê-la, por alguns mais por outros menos, conforme forem maiores ou menores os dons de Deus nas inteligências de todos, ou que tenham outras ajudas. Então, como nas palavras próprias, das quais falamos acima, as coisas devem ser entendidas como soam as palavras, da mesma forma nas expressões figuradas que constituem os tropos: de uma coisa pode-se entender uma outra. Porém, sobre isso já tratamos quando parecia oportuno. Quanto aos estudiosos das letras dignas da maior veneração, não só se deve estimulá-los a conhecer os gêneros literários usados nas santas Escrituras e como nelas algo costuma ser dito, guardando-os na memória, mas também, o que é mais importante e mais necessário, que rezem para compreender. Realmente, nessas Letras, das quais são estudiosos, leem que *o Senhor dá a sabedoria e da sua boca sai a ciência e a compreensão* (Pr 2,6). Dele receberam esse gosto, se for acompanhado da piedade. Porém, estas coisas também bastam para o que foi dito sobre os sinais, também no que se refere às palavras. Resta falarmos da maneira de comunicar aos outros as coisas aprendidas e faremos isso no seguinte volume, dizendo aquilo que o Senhor nos conceder.

Livro IV

*O quarto livro trata da maneira
de comunicar as coisas*

1.1. Segundo uma primeira distribuição, dividi em duas partes esta nossa obra, intitulada *A Doutrina Cristã*. Ora, após o proêmio, onde respondi aos que teriam criticado a obra, disse: *Duas são as coisas sobre as quais se baseia qualquer tratado das Escrituras: a maneira de encontrar o que se deve compreender, e a maneira de expor as coisas compreendidas; portanto, falaremos primeiro da maneira de encontrar e depois da maneira de expor* (cf. acima, Livro I, 1, 1.). Portanto, porque sobre a maneira de encontrar já dissemos muitas coisas e sobre esta única parte enchemos três volumes, agora, com a ajuda do Senhor, apresentaremos brevemente a maneira de expor, para que, se for possível, fechemos tudo num único livro, de modo que esta obra termine com quatro volumes.

*Não é objetivo deste tratado transmitir preceitos
de retórica*

1.2. Por isso, primeiramente, por este preâmbulo, refreio a expectativa dos leitores que, talvez, julgam que eu me ponha a dar os preceitos de retórica que aprendi e ensinei nas escolas seculares, e até admoesto a que não esperem isso de mim; não porque não tenham utilidade alguma, mas porque, sem têm alguma, aprendam-na em outra parte, se, por acaso, existir um bom homem que se disponha a aprender também essas coisas; porém, não devem pedi-las a mim, nem nesta obra nem em qualquer outra.

Convém que o doutor cristão use a arte retórica

2.3. Já que pela arte retórica pode-se convencer tanto sobre o que é verdadeiro como sobre o que é falso, quem ousará dizer que a verdade deve estar desarmada em quem a defende contra a mentira? Isto é, aqueles que se esforçam por convencer sobre coisas falsas, com um preâmbulo, saberiam conquistar o ouvinte benévolo, atento ou dócil, e os outros não saberiam? Por que alguns deveriam conseguir apresentar as falsidades de forma concisa, clara e verossímil, enquanto aqueles que apresentam a verdade deveriam fazê-lo de modo que o ouvinte se aborreça, o assunto proposto fique incompreensível e, finalmente, crer seja desagradável? Por que aqueles deveriam impugnar a verdade com argumentos falazes e defender a falsidade, enquanto estes não deveriam conseguir defender a verdade nem refutar a falsidade? Por que aqueles, com sua maneira de falar deveriam conseguir terrorizar, entristecer, alegrar, inflamar o espírito dos ouvintes, movendo-os e estimulando-os ao erro, enquanto estes outros, tardos e frios em relação à verdade, deveriam estar como que adormecidos? Quem seria tão insensato de pensar assim? De fato, o assunto que devemos enfrentar é o da arte da eloquência, que tem muitíssima influência em convencer, tanto a respeito das coisas boas, como das más. Portanto, por que não a procuram com zelo os bons para combater em favor da verdade, se os maus a usurpam para obter causas desonestas e vãs para uso da iniquidade e do erro?

Com que idade e com que motivo podem ser aprendidos os preceitos da retórica

3.4. Mas, nessa matéria, sejam quais forem as observações e os preceitos aos quais, com abundância e ornamentos de palavras, acrescenta-se o habilidosíssimo costume de uma linguagem mais experimentada, acontece aquilo que se chama facúndia ou eloquência. Esta deve ser aprendida mais rapidamente por aqueles que podem separar para isso um adequado espaço de tempo e uma idade adaptada e conveniente, mas fora deste nosso escrito. Ora, nem os próprios mestres da eloquência romana furtaram-se de dizer que esta arte, se alguém não a aprender desde cedo, jamais poderá aprendê-la (cf. Cícero, *De oratore* 3,146). Mas se isso é verdade, que necessidade há de perguntar? Realmente, embora, algum dia possam aprendê-la também pessoas de mais idade, nós não a julgamos de tanto valor para querer que a ela se dediquem também homens de idade madura e avançados nos anos. É suficiente que a ela se dediquem os jovenzinhos e, ainda assim, nem todos aqueles que desejaríamos instruir para a utilidade da Igreja, mas aqueles que não se ocupam de coisas mais urgentes e que a necessidade por esta coisa deve preferir. Porque, se possuir um espírito agudo e brilhante, é mais fácil que assimile a eloquência lendo ou ouvindo pessoas eloquentes, do que seguir os preceitos da eloquência. E não faltam obras de literatura eclesiástica, também fora do cânon, salutarmente, colocado no ápice da autoridade, que, lendo-as, um homem inteligente, embora não saiba compô-las, mas dê atenção apenas às coisas que lhe são ditas enquanto maneja tais obras, não pode deixar de instruir-se também a respeito do estilo com o qual elas são feitas. Obterá isso com mais facilidade, sobretudo, se acrescentar o hábito de escrever ou de ditar ou, finalmente, também de expor as coisas que sabe serem segundo a norma da religião e da fé. Mas se falta tal agudeza da mente, não se compreenderão as normas da retórica, mesmo que se consiga aprendê-las um pouquinho quando inculcadas com grande esforço, nem terão algum proveito. Visto que também aqueles que as aprenderam e conseguem falar copiosa e belamente, não todos, quando falam, podem pensar nas normas segundo as quais falam, a não ser que tratem especificamente delas. E até, julgo que exista um ou outro entre eles que consiga abranger as duas coisas, isto é, falar bem e, enquanto fala, pensar nas normas de falar pelas quais possa falar bem. Porém, é preciso evitar que, enquanto cuida de falar com arte, alguém se esqueça daquilo que deve dizer. Todavia, nos discursos e nas falas das pessoas eloquentes encontram-se aplicadas as normas da eloquência, às quais eles, para falar ou enquanto falavam, não prestavam atenção, quer as tivessem aprendido, quer jamais tivessem ouvido falar delas. Na verdade, eles as põem em prática porque são eloquentes, mas não as usam para se tornarem eloquentes.

As crianças aprendem a linguagem
pela boca dos que falam

3.5. Por isso, se é verdade que as crianças se tornam capazes de falar aprendendo as frases daqueles que falam, por que não poderiam tornar-se eloquentes sem que, de alguma maneira, lhes venha ensinada a retórica, mas lendo ou ouvindo as expressões das pessoas eloquentes e, enquanto for possível, imitando-as? E o que dizer se, com exemplos, mostrarmos que isso é possível? Realmente, conhecemos muitíssimas pessoas que, sem estudar as normas da retórica, tornaram-se mais eloquentes do que muitíssimas outras que as haviam aprendido. Por outro lado, não conhecemos nenhuma que se tenha tornado eloquente sem ter lido ou ouvido discussões ou discursos de pessoas eloquentes. E assim é também com a própria gramática, pela qual aprende-se a linguagem correta; as crianças não teriam necessidade dela se lhes fosse concedido viver e crescer em meio a pessoas que falam corretamente. Na verdade, ignorando expressões errôneas, se ouvissem na boca de alguém expressões errôneas, por força de seus hábitos corretos, desaprová-las-iam e as evitariam, como fazem os habitantes da cidade que, mesmo não conhecendo as letras, repreendem os camponeses.

Procedimento do doutor cristão...

4.6. Por isso, aquele que é expositor e doutor das divinas Escrituras, defensor da fé correta e adversário do erro, deve aprender as coisas boas e fazer desaprender as más e, nesta obra oratória, deve conciliar os espíritos contrários, elevar os desalentados, informar aos que não sabem o que devem fazer e o que os espera. Mas se encontrar pessoas benévolas, atentas e dóceis, ou ele assim se tornar, deve fazer todas as outras coisas conforme exigem as circunstâncias. Se os ouvintes devem ser instruídos, deve-se fazer isso pela narração, mas se for necessário, para que a coisa da qual se trata se torne clara. Porém, para que as coisas duvidosas se tornem certas, deve-se usar o raciocínio, aduzindo as provas. Mas se os ouvintes, mais que instruídos devem ser estimulados a não permanecerem parados no cumprimento daquilo que já conhecem, mas prestem consenso às coisas que reconhecem serem verdadeiras, é preciso recorrer a uma carga oratória maior. Então são necessárias súplicas e ameaças, estímulos e repreensões e quaisquer outras coisas capazes de comover os espíritos.

... e de qualquer homem erudito

4.7. Na verdade, quase todos os homens, em sua atividade oratória, não deixam de cumprir todas essas coisas que enumerei.

Interessa mais que o orador cristão fale com sabedoria do que com eloquência

5.7. Mas existem alguns oradores que falam sem vigor, sem graça e friamente, enquanto outros o fazem com fineza, de maneira elegante e vigorosa. Ora, quanto ao assunto que nos ocupa, deve achegar-se aquele que tem condições de tratar ou dizer a coisa com sabedoria, mesmo que não possa fazê-lo com eloquência, de modo que aproveite aos ouvintes, embora se trate de um proveito menor do que se tivesse conseguido falar também com eloquência. Porém, aquele que se distingue por uma eloquência insensata deve ser evitado tanto mais quanto mais o ouvinte sentir prazer em ouvir dele aquilo que é inútil e porque percebe que diz as coisas com eloquência, julga que fala também conforme a verdade. Não ignoram esta norma aqueles que pensaram ensinar a arte retórica. Na verdade, reconheceriam que se a sabedoria sem a eloquência ajuda pouco as comunidades urbanas, a eloquência sem a sabedoria, na maioria das vezes, prejudica muitíssimo, e certamente jamais será proveitosa (cf. Cícero, *De inv.* 1,1). Portanto, se aqueles que transmitiram as normas da eloquência nos próprios livros em que fizeram sua exposição, movidos pela força da verdade, foram obrigados a dizer isso, mesmo sem saber que a verdadeira sabedoria é a celeste, que desce do Pai das luzes, quanto mais não deveríamos ter os mesmos sentimentos nós, que somos filhos e ministros dessa sabedoria? Ora, o homem fala com maior ou menor sabedoria de acordo com o progresso que tiver feito no conhecimento das santas Escrituras, não digo pelo fato de tê-las lido muito ou aprendido de cor, mas por tê-las compreendido bem e por ter-lhes prescrutado diligentemente o sentido. Com efeito, existem aqueles que as leem e depois as negligenciam: leem para conhecê-las, negligenciam-nas não querendo compreendê-las. Em vez desses, sem dúvida, deve-se preferir aqueles que retêm menos as palavras lidas e penetram com os olhos do coração no coração das Escrituras. A ambos é preferível aquele que quando quer sabe também falar delas e as entende como se deve.

Adquire-se a arte de falar lendo os livros dos oradores

5.8. Portanto, àquele que deve falar sabiamente, sobretudo se não pode fazê-lo também com eloquência, é necessário que guarde as palavras das Escrituras. Pois quanto mais pobre de palavras próprias ele se sentir, tanto mais rico convém que ele seja nas bíblicas, para que aquilo que diz com palavras próprias seja provado com aquelas, e quem era limitado de palavras próprias, de alguma forma cresça com o testemunho das grandes. Com efeito, agrada mais provando aquele que pode agradar menos falando. Além disso, aquele que não só quer falar com sabedoria, mas também com eloquência, embora seja mais útil se puder fazer as duas coisas, com a maior boa vontade ordenarei que leia, ouça e imite na prática os homens eloquentes, antes de seguir os mestres da arte retórica, contanto que aqueles que leem e ouvem sejam louvados por terem falado não só com eloquência, mas também com sabedoria e tenham falado conforme a verdade. Com efeito, os que falam com eloquência são ouvidos com prazer; os que falam com sabedoria são ouvidos de maneira salutar. Por isso, a Escritura não diz: *A multidão dos eloquentes*, mas: *A multidão dos sábios é a salvação do mundo* (Sb 6,26). Ora, assim como muitas vezes deve-se tomar também coisas amargas porque são salubres, do mesmo modo deve-se sempre evitar o que é doce porque é pernicioso. Mas, o que é melhor, uma suavidade salubre ou uma salubridade suave? Com efeito, quanto mais se deseja a suavidade, tanto mais facilmente se aproveita a salubridade. Assim, existem homens de Igreja que trataram as divinas palavras não só com sabedoria, mas também com eloquência e para lê-los mais não é suficiente o tempo do que eles podem faltar aos que os estudam e lhes dedicam o seu tempo.

Nos autores sagrados, a eloquência transcende a eloquência profana

6.9. Aqui, talvez, alguém pergunte se os nossos autores, aqueles cujos escritos divinamente inspirados formaram o nosso cânon, com sua autoridade sobremaneira salutar devem ser chamados somente de sábios ou também de eloquentes. Este é um problema que eu e aqueles que comigo refletem sobre o assunto resolvemos facilmente. Na verdade, até onde eu entendo, nada poderá parecer-me mais sábio, nada mais eloquente. E ouso dizer que todos aqueles que compreendem corretamente o que dizem tais autores, ao mesmo tempo compreendem que eles não deveriam ter falado diversamente. Mas, como existe uma eloquência que se adapta mais à idade juvenil e outra que se adapta mais à idade senil, e não se pode chamar de eloquência aquela que não se adapta à personalidade de quem fala, assim, existe uma eloquência que convém aos homens dignos da máxima autoridade e completamente divinizados. Eles falaram em base a esta eloquência, e não haveria outra que lhes fosse conveniente, nem aquela adaptar-se--ia a outros. Com efeito, era conveniente a eles, quanto aos outros, porém, seu modo de falar parece mais desprezível quanto mais os supera em altura, não pela ventosidade, mas pela solidez. Porém, nas passagens que não os compreendo, sua eloquência aparecer-me-á certamente em medida menor; todavia, não duvidarei que ela seja tal qual a encontro nas passagens que compreendo. A tal eloquência, afinal, deveria misturar-se também uma certa dose de obscuridade, em ditos divinos e salutares como aqueles; por isso, o nosso intelecto deveria ter tirado proveito não só mediante a descoberta, mas também mediante o exercício.

A eloquência dos autores sagrados é fruto da sabedoria

6.10. Na verdade, se tivesse tempo, poderia mostrar que nos Livros sagrados compostos por nossos autores existem todas as virtudes e ornamentos da eloquência da qual se gloriam aqueles que antepõem a própria linguagem à linguagem dos nossos mencionados autores, não se baseando sobre a elevação, mas sobre a vacuidade. Afinal, os nossos são livros que a divina Providência nos forneceu para instruir-nos e para transferir-nos desde mundo perverso para o século da bem-aventurança. Mas, na eloquência dos Livros sagrados, o que me agrada mais do que poderia dizer, não são as coisas que aqueles homens têm em comum com os oradores ou os poetas dos Gentios; antes, enche-me de admiração e espanto o fato de eles se terem servido da nossa eloquência, sujeitando-a, por assim dizer, à outra eloquência, própria deles, de modo que não lhes fizesse falta, nem excedesse os limites, pois não convinha que eles a repudiassem, nem se servissem com ostentação de tal eloquência; e uma coisa teria acontecido se a tivessem evitado, outra se pudessem supor que seria fácil descobri-la. Certamente, não faltam pessoas doutas capazes de penetrar passagens obscuras, pois ali encontram coisas que as palavras com as quais são ditas não parecem escolhidas pelo autor que fala, mas são acrescentadas quase espontaneamente pelas próprias coisas, como se a sabedoria brotasse de sua casa, isto é, do coração do sábio e a eloquência a seguiria como serva inseparável, mesmo que não chamada.

Explica-se a doutrina da retórica por Rm 5,3-5

7.11. Quem não vê o que queria dizer e com quanta sabedoria se expressou o apóstolo quando diz: *Também não nos gloriamos nas tribulações, sabendo que a tribulação produz a paciência, a paciência a prova, a prova a esperança, e a esperança não traz engano, porque a caridade de Deus está derramada em nossos corações pelo Espírito Santo, que nos foi dado* (Rm 5,3-5)? Aqui, se alguém, por assim dizer, ignorantemente douto, sustentar que o apóstolo seguiu as normas da arte da eloquência, não seria ridicularizado pelos Cristãos, doutos ou ignorantes? E, todavia, aqui se reconhece a figura que em grego se chama κλίμαξ, e em latim alguns a chamam de *graduação*, porque não quiseram dizer escala, já que as palavras e os significados ligam-se uns aos outros; como aqui vemos que se liga a paciência com a tribulação, a prova com a paciência, a esperança com a prova. E aqui existe outro ornamento, porque terminada uma parte da frase com a interrupção da pronúncia, coisa que os nossos chamam membros ou cesuras, os Gregos, porém, chamam κῶλα e κόμματα, segue um desenvolvimento ou circuito de palavras, que os Gregos chamam περίοδον, cujos membros ficam suspensos pela voz de quem fala, até que o último termine. Ora, os membros que precedem o período, o primeiro membro é: *a tribulação produz a paciência*; o segundo: *a paciência a prova*; o terceiro: *a prova a esperança*. Depois, apresenta-se o próprio período, que se desenvolve em três membros, dos quais o primeiro é: *a esperança não traz engano*; o segundo: *a caridade de Deus está derramada em nossos corações; o terceiro: pelo Espírito Santo que nos foi dado*. Essas coisas e outras semelhantes são ensinadas na arte oratória. Portanto, como não dizemos que o apóstolo tenha seguido os preceitos da eloquência, da mesma forma não negamos que a eloquência tenha seguido sua sabedoria.

Um admirável exemplo de sabedoria e eloquência em 2Cor 11,16-30.

7.12. Escrevendo aos Coríntios, na segunda carta, refutou certos pseudoapóstolos, provenientes dos Judeus e que falavam mal dele. E porque foi constrangido a louvar a si mesmo, atribuindo a si esta insipiência, fala tanto com sabedoria, quanto com eloquência. Mas companheiro da sabedoria, guia da eloquência, seguindo aquela, precedendo a esta, não rejeitando o seguimento, diz: *Repito, para que ninguém me tome por insipiente, mas deixai-me parecê-lo, a fim de me gloriar ainda um pouco. O que vou dizer para a minha glória, não o digo segundo Deus, mas como que por loucura. Visto que muitos se gloriam segundo a carne, também eu me gloriarei, porque vós, sendo sensatos, sofreis de bom grado os insensatos. Efetivamente, sofreis quem vos põe em escravidão, quem vos devora, quem vos rouba, quem se exalta, quem vos bate no rosto. Digo-o para minha vergonha, como se tivéssemos sido fracos neste ponto. Mas, naquilo em que qualquer um tem ousadia, falo como louco, também eu tenho: são hebreus, também eu; são israelitas, também eu; são descendentes de Abraão, também eu; são ministros de Cristo, falo como menos sábio, mais do que eles o sou eu; mais nos trabalhos, mais nos cárceres, em açoites sem medida; frequentemente em perigos de morte. Dos judeus recebi cinco quarentenas de açoites, menos um; três vezes fui açoitado com varas, uma vez fui apedrejado, três vezes naufraguei, uma noite e um dia estive no abismo; muitas vezes, em viagem, vi-me em perigos de rios, perigos de ladrões, perigos dos da minha nação, perigos dos gentios, perigos na cidade, perigos no deserto, perigos no mar, perigos dos falsos irmãos, em trabalhos e fadigas, em muitas vigílias, em fome e em sede, em muitos jejuns, em frio e nudez. Além dessas coisas, que são exteriores, tenho também a minha preocupação cotidiana, o cuidado de todas as igrejas. Quem está enfermo que eu não esteja enfermo? Quem é escandalizado, que eu não me abrase? Se importa que alguém se glorie, eu me gloriarei das coisas que são da minha fraqueza* (2Cor 11,16-30). Com quanta sabedoria sejam ditas estas coisas, vê-o quem esteja vigilante; com quanta eloquência, a correr como um rio, percebe-o também que está entorpecido.

Aprecia-se o exemplo de 2Cor 11,16-30

7.13. Ademais, o leitor que sabe, reconhece as cesuras, que os Gregos chamam κόμματα, como também os membros e os períodos, dos quais falei pouco acima. Interpostos com oportuníssima variedade, fizeram um discurso de grande beleza e lhe deram como que um rosto, com o qual se alegram e emocionam também os indoutos. Com efeito, examinando o trecho de onde temos iniciado a citá-lo, encontramos períodos, dos quais o primeiro é o menor, isto é, de dois membros; com efeito, os períodos não podem ter menos de dois membros, mas podem ter mais. Portanto, o primeiro é: *Repito, para que ninguém me tome por insensato*. Segue outro período de três membros: *Mas deixai-me parecê-lo, a fim de me gloriar ainda um pouco*. O terceiro que vem a seguir tem quatro membros: *O que vou dizer para minha glória, não o digo segundo Deus, mas como que por loucura, em relação a esta matéria de gloriar-me*. O quarto tem dois: *Visto que muitos se gloriam segundo a carne, também eu me gloriarei*. Também o quinto tem dois: *Porque vós, sendo sensatos, sofreis de bom grado os insensatos*. Também o sexto é de dois membros: *Efetivamente, sofreis quem vos põe em escravidão*. Seguem-se três cesuras: *Quem vos devora, quem vos rouba, quem se exalta*. Depois, três membros: *Se alguém vos bate no rosto, digo-o para minha vergonha, como se tivéssemos sido fracos neste ponto*. Acrescenta-se um período de três membros: *Mas, naquilo em que qualquer um tem ousadia, falo como louco, também eu tenho*. Depois disso, tendo posto cesuras como interrogações, responde-se a cada uma com igual número de cesuras de resposta, isto é, três contra três: *São hebreus? Também eu. São israelitas? Também eu. São descendentes de Abraão? Também eu*. Prossegue-se com uma quarta cesura, posta como interrogação como antes, mas se responde opondo não outra cesura, mas um membro: *São ministros de Cristo? Falo como menos sábio, mais do que eles o sou eu*. Já as quatro cesuras que seguem, excluída com muita oportunidade qualquer interrogação, articulam-se assim: *Mais nos trabalhos, mais nos ˜˜rceres, em açoites sem medida, frequentemente em perigos de morte.* A seguir, interpõe-se um breve período que se deve distinguir com a suspensão da pronúncia: *Dos Judeus recebi cinco*, para que este seja um membro ao qual liga-se um outro: *quarentenas de açoites, menos um.* Então, volta-se às cesuras e colocam-se três: *Três vezes fui açoitado com varas, uma vez fui apedrejado, três vezes naufraguei.* Segue um membro: *Uma noite e um dia estive no abismo.* A seguir, com oportuníssimo ímpeto, fluem quatorze cesuras: *Muitas vezes em viagem, vi-me em perigos de rios, perigos de ladrões, perigos dos da minha nação, perigos dos gentios, perigos na cidade, perigos no deserto, perigos no mar, perigos dos falsos irmãos, em trabalhos e fadigas, em muitas vigílias, em fome e em sede, em muitos jejuns, em frio e nudez.* Depois destas interpõe um período de três membros: *Além dessas coisas que são exteriores, tenho também a minha preocupação quotidiana, o cuidado de todas as igrejas.* E a isso acrescenta dois membros em tom interrogativo: *Quem é enfermo, que eu não esteja enfermo? Quem é escandalizado, que eu não me abrase?* Por fim, toda esta passagem, feita como que de ardentes desejos, termina com um período de dois membros: *Se importa que alguém se glorie, eu me gloriarei das coisas que são da minha fraqueza.* Enfim, não se pode explicar suficientemente quanto tem de beleza e de prazer o fato que, depois dessa descrição impetuosa, se repouse de certo modo interpondo uma breve narração e, assim, faça descansar também o ouvinte. De fato, ele continua dizendo: *O Deus e Pai de nosso Senhor Jesus Cristo, que é bendito por todos os séculos, sabe que não minto* (2Cor 11,31). Depois narra brevissimamente os perigos aos quais se sujeitou e como foi libertado deles.

Os autores sagrados, embora a tenham, não ostentam eloquência

7.14. Seria longo buscar outros textos, ou mostrar essas coisas em outras passagens das santas Escrituras. E que dizer, se quisesse mostrar, ao menos no texto do apóstolo que recordei, também as figuras de linguagem que se ensinam na retórica? Não seria mais fácil que homens sérios me julgassem exagerado, do que alguns dos doutos me tivessem por suficiente? Todas essas coisas, quando são ensinadas por mestres, são tidas em grande estima, compram-se por bom preço e se vendem com grande jactância. Tal jactância temo mostrá-la também eu quando falo dessas coisas. Mas, foi preciso responder a homens mal instruídos, que se creem autorizados a desprezar os nossos autores, não porque não têm, mas porque não ostentam aquela eloquência que eles amam demais.

Além de Paulo, muitos autores das Escrituras são sensíveis à eloquência

7.15. Mas, alguém pode pensar que escolhi o Apóstolo Paulo como o único eloquente entre os nossos. Com efeito, onde diz: *Ainda que eu*

seja imperito no falar, não o sou no saber (2Cor 11,6),
parece que fale assim para fazer uma concessão
a seus detratores, e não para confessar que reco-
nhecia isso como verdade. Porém, se dissesse: É
verdade, *sou imperito no falar, mas não na ciência*, de
modo algum poderia ser entendido diversamente. Na realidade, não hesitou em realçar a própria
ciência, sem a qual não conseguiria ser o Doutor
das Gentes. Certamente, se tomarmos alguma
coisa sua como exemplo de eloquência, tomare-
mos algo de suas cartas onde também seus críti-
cos, que queriam julgar desprezível seu modo de
falar, confessaram que suas palavras eram graves
e fortes (cf. 2Cor 10,10). Por isso, vejo que devo
dizer alguma coisa também sobre a eloquência
dos profetas, onde, mediante a tropologia, escon-
dem-se muitas coisas que, quanto mais parecem
escondidas por palavras figuradas, tanto mais doces se tornam quando são penetradas. Neste livro,
porém, devo recordar apenas as passagens que
não me obriguem a explicar o que ali é dito, mas
somente sublinhar o modo como as coisas foram
ditas. E farei isso recorrendo, sobretudo, ao livro
do profeta que, falando de si mesmo, diz ter sido
pastor ou cuidador de gato e ter sido divinamente
escolhido para tal profissão e ser enviado a profe-
tizar ao povo de Deus (cf. Am 7,14-15). Mas não
examinarei o texto segundo os *Setenta* que, tendo
eles próprios sido ajudados pelo divino Espírito,
parece que tenham dito algo a fim de despertar
a atenção do leitor para perscrutar um sentido
mais espiritual e, por isso, deve-se atribuir a

eles algumas passagens demasiado obscuras para serem expressas com figuras ousadas demais. Examinarei o texto como foi traduzido do hebraico para o latim pelo presbítero Jerônimo, que fez sua tradução como perito nas duas línguas.

Com grande força Amós censurou os luxuriosos

7.16. Por isso, quando censurava os ímpios, os soberbos, os luxuriosos e, por consequência, os que muito negligenciavam o amor fraterno, este profeta camponês ou filho de camponeses, gritava dizendo: *Ai de vós os que viveis em Sião na abundância de todas as coisas, e os que viveis sem nenhum receio no monte de Samaria; de vós, ó grandes, chefes do povo, que entrais com fausto na casa de Israel! Passai a Calane e contemplai; ide de lá à grande Emat; descei à Gat dos filisteus e aos mais formosos reinos que dependem destas cidades; vede se o seu território é mais extenso que o vosso. Vós, todavia, estais reservados para o dia mau, e estais vos aproximando do reino da iniquidade. Vós que dormis em leitos de marfim e vos entregais à moleza nos vossos leitos; que comeis os melhores cordeiros do rebanho e os mais escolhidos novilhos da manada; que cantais ao som do saltério e julgais imitar Davi, usando instrumentos musicais; que bebeis vinho por grandes copos, que vos perfumais com óleos preciosos, sem vos compadecerdes da aflição de José* (Am 6,1-6). Será que estes que, considerando-se doutos e eloquentes, desprezam os nossos profetas como pessoas sem erudição e ignorantes da arte de falar, se tivessem de dizer alguma coisa assim ou a pessoas de tal espécie, teriam desejado falar de outro modo, eles que, todavia, não quereriam passar por loucos?

Desvendam-se as normas da eloquência em Amós 6,1-2

7.17. O que é que ouvidos sóbrios desejariam mais do que este discurso? Primeiramente, a própria invectiva: com que clamor se apresenta, como se tivesse de despertar sentidos adormecidos? *Ai de vós, ricos de Sião, que confiais no monte de Samaria, grandes e chefes dos povos que entrais com pompa na casa de Israel* (Am 6,1). Depois, mostra que são ingratos aos benefícios de Deus, que lhes havia dado um vasto reino, enquanto confiavam no monte de Samaria, onde, efetivamente, cultuavam-se os ídolos. Por isso, diz: *Passai a Calane e contemplai; ide de lá à grande Emat e descei a Gat dos filisteus e aos mais formosos reinos e vede se o território deles é mais extenso que o vosso* (Am 6,2-3). Enquanto são ditas essas coisas, o discurso se embeleza, como com luzes, com nomes de localidades, isto é, Sião, Samaria, Calane, Emat a grande e Gat dos Palestinos. A seguir, variam de modo oportuníssimo as palavras que se acrescentam aos lugares: *Sois ricos, confiai, passai, ide, descei* (Am 6,4).

As normas da eloquência em Amós 6,3-4

7.18. Depois, como consequência, preanuncia-se que se aproxima a futura prisão no tempo de um rei iníquo, e se acrescenta: *Vós estais reservados para o dia mau e estais vos aproximando do reino da iniquidade*. A seguir, acrescentam-se os méritos da luxúria: *Vós que dormis em leitos de marfim e vos entregais à moleza nos vossos leitos; que comeis os melhores cordeiros do rebanho e os mais escolhidos novilhos da manada* (Am 6,5-6). Estes seis membros constituem três períodos de dois membros. De fato, não diz: Vós fostes reservados para o dia mau, vos aproximais do reino da iniquidade, dormis em leitos de marfim, vos entregais à moleza nos vossos leitos, vós comeis o cordeiro do rebanho e os novilhos do meio da manada. Se assim tivesse dito, também essa forma teria sido bela: os seis membros teriam dependido de um único pronome e cada um teria sido delimitado no seu âmbito pela voz do leitor. O profeta fez algo mais belo: ao mesmo pronome uniu duas a duas as frases que explicam as três afirmações. Uma refere-se à predição da prisão: *Vós fostes reservados para o dia mau e vos aproximais do reino da iniquidade;* uma outra refere-se à luxúria: *Vós dormis em leitos de marfim e vos entregais à moleza dos vossos leitos;* enfim, a terceira refere-se à voracidade: *Vós comeis os cordeiros do rebanho e os novilhos da manada* (*ibidem*). Assim, deixa-se à liberdade do leitor terminar os membros isoladamente e fazer seis, ou suspender a voz ao primeiro, ao terceiro e ao quinto, acrescentando o segundo ao primeiro, o quarto ao terceiro e o sexto ao quinto, fazendo desse modo e de maneira muito elegante, três períodos, de dois membros cada um. No primeiro mostraria a calamidade iminente, no segundo o leito manchado pela luxúria, no terceiro a mesa sobrecarregada de alimentos.

As normas da eloquência em Amós 6,5-6

7.19. A seguir ataca a luxuriosa volúpia dos ouvidos. Depois de ter dito: *Vós que cantais ao som do saltério* (Am 6,5), já que a música pode ser sabiamente executada pelos sábios, ele diminui, com uma admirável beleza de falar, o ímpeto da invectiva e não se dirige mais a eles, mas fala deles para admoestar-nos a distinguir a música do sábio da música do voluptuoso. Não diz: Vós que cantais ao som do saltério, e como Davi credes ter vossos instrumentos de canto, mas, depois de ter dito a eles aquilo que, enquanto sensuais, deviam ouvir: *Vós que cantais ao som do saltério*, de algum modo indica também aos outros sua imperícia e continua: *Como Davi julgaram ter instrumentos de cantos, enquanto bebiam vinho em grandes copos e se ungiam com óleos preciosíssimos* (Am 6,5-6). Pronunciam-se melhor essas três frases se, com uma suspensão entre os dois primeiros membros do período, termina-se com o terceiro.

As normas da eloquência em Amós 6,6

7.20. Porém, depois de todas essas coisas, diz-se: *Sem vos compadecerdes da aflição de José* (Am 6,6), quer se pronuncie de modo contínuo, como um só membro, quer com mais elegância se interrompa: *sem vos compadecerdes*, e depois desta separação se prossiga: *da aflição de José*, de maneira a formar um período de dois membros; a admirável beleza, porém, é que não disse: Não sofriam pela aflição do irmão, mas em lugar de irmão, colocou: *José*. Desse modo, qualquer dos irmãos podia estar indicado pelo nome próprio daquele cuja celebridade foi superior àquela dos outros irmãos, tanto pelos males que suportou, como pelos benefícios com os quais os recompensou. Certamente, este tropo, que em José faz que se entenda qualquer um dos outros irmãos, não sei se é ensinado naquela arte que primeiro aprendemos e depois ensinamos. Entretanto, não é necessário que se diga quanto é belo e como impressiona aqueles que o leem e compreendem, se eles pessoalmente não o perceberem.

Os autores sagrados são encontrados tais quais os quis quem os enviou

7.21. E, na verdade, nesta mesma passagem que pusemos como exemplo, podem ser encontradas muitas outras coisas referentes aos preceitos da eloquência. Mas o bom ouvinte, não é instruído tanto se submeter o texto a diligente discussão, quanto se entusiasma se o pronunciar com ardor. Realmente, esses textos não foram compostos pela habilidade humana, mas foram ditados sábia e eloquentemente pela mente divina, não com a sabedoria subordinada à eloquência, mas com a eloquência que não se separa da sabedoria. Com efeito, como puderam ver e dizer alguns homens muito eloquentes e de grande perspicácia (cf. Cicero, *De orat.* 1,146; *Brutus* 30,46), se as coisas que se aprendem na arte oratória não fossem observadas, notadas e redigidas nesta doutrina se antes não se encontrassem nas inteligências dos oradores, o que se há de admirar se as encontramos também nos nossos escritores, que foram mandados por aquele que criou as mentes? Por isso, reconhecemos que nossos autores e doutores canônicos não são somente sábios, mas também eloquentes, de uma eloquência que convinha a tal categoria de pessoas.

A obscuridade dos autores sagrados, embora eloquente, não deve ser imitada pelos doutores cristãos

8.22. Mas nós, embora tenhamos tomado alguns exemplos de eloquência de seus escritos que se compreendem sem dificuldade, não devemos, contudo, julgar que possam ser imitados por nós naquilo que disseram de maneira obscura, pois usaram tal recurso para exercitar e, de algum modo, purificar as mentes dos leitores, para excluir o tédio e aguçar a inteligência daqueles que queriam compreender os textos ou, também, para escondê-los aos espíritos dos ímpios, seja que fizessem isso para convertê-los à piedade, seja que quisessem excluí-los da compreensão dos mistérios. Com efeito, eles falaram dessa maneira para que os pósteros, que os compreendessem e expusessem corretamente, conseguissem na Igreja de Deus uma segunda graça, certamente diferente, mas que é consequência da sua. Portanto, seus expositores não devem falar como se tivessem a mesma autoridade dos livros que expõem, mas em todos os seus discursos deveriam esforçar-se, antes de mais nada e sobretudo, por fazê-los compreender, quanto é possível, com a perspicácia de falar, de modo que se alguém não compreende ou é porque é muito lento de espírito ou porque as questões que queremos explicar e elucidar apresentam muita dificuldade ou sutileza, mas que não esteja na nossa elocução a causa pela qual demorem mais ou menos para compreender o que dizemos.

A quem e como expor as coisas difíceis de compreender

9.23. De fato, existem algumas questões que, por sua força, são incompreensíveis ou mal podem ser compreendidas, por maior e mais completo que seja o modo de falar e mais ampla a sua explicação. Ora, essas coisas ou muito raramente e só por necessidade ou absolutamente nunca devem chegar aos ouvidos do povo. Quanto aos livros, porém, são escritos para, de algum modo, conquistar o leitor quando os compreende, mas, que não sejam enfadonhos aos que não querem lê-los, quando não os compreendem. E quanto aos colóquios de alguns, não se deve abandonar o dever de levar à compreensão dos outros as verdades que, embora dificílimas, nós mesmos já percebemos, seja qual for o esforço de discussão exigido para levarmos os outros à compreensão. Se um ouvinte ou um interlocutor for tomado pelo desejo de aprender, e não lhe faltar a capacidade de mente que lhe consinta aprender as coisas que lhe são propostas, aquele que ensina não deve preocupar-se com a eloquência com a qual ensina, mas com a evidência que quer alcançar.

Esforço de perspicácia no falar

10.24. O diligente desejo de evidência de alguém, por vezes, negligencia as palavras mais eruditas e não cuida que algo soe bem, mas exprime e manifesta o que tem a intenção de mostrar. Por isso, tratando dessa maneira de se expressar, alguém disse que existe nela uma espécie de negligência diligente (cf. Cícero, *De orat.* 1,78). Todavia, esta negligência exclui assim a elegância, mas para não cair na banalidade. Aliás, nos bons doutores existe, ou deve existir, tanto cuidado que, se uma palavra não pode ser latina sem ser, ao mesmo tempo, obscura ou ambígua, enquanto se a coisa for dita em termos populares evita-se tanto a ambiguidade como a obscuridade, não se deve falar com a linguagem dos doutos, mas antes, como costumam os menos instruídos. Realmente, se os nossos tradutores não tiveram dúvida em dizer: *Não congregarei os seus conventículos sanguinários* (Sl 15,4), porque julgaram necessário que naquela passagem o termo *sangue* fosse usado no plural, mesmo que em latim seja usado somente no singular. Por que um mestre de piedade, falando a pessoas indoutas, deveria ter medo de dizer *ossum* e não *os*, para impedir que esta sílaba seja tomada como derivada não do nominativo cujo plural é *ossa* [ossos], mas daquela outra da qual deriva o plural *ora* [bocas], já que os ouvidos dos africanos não estão em condições de perceber a brevidade ou o alongamento das palavras? De fato, de que adianta a integridade da linguagem se não for seguida pela compreensão de quem ouve, já que não existe absolutamente nenhum motivo de falar se não nos entenderem o que falamos, pois falamos para que nos compreendam? Portanto, quem ensina, deverá evitar todas as palavras que não ensinam e se, em seu lugar, puder dizer outras corretas e inteligíveis, escolherá estas; mas se não puder fazê-lo, seja porque não existem, seja porque no momento não lhe vêm à mente, servir-se-á também de palavras menos corretas, contanto que a coisa em si seja ensinada e compreendida com a necessária exatidão.

Quem ouve, ouça a verdade e compreenda o que ouve

10.25. E isso, na verdade, não é somente nos diálogos, quer se façam com uma única pessoa, quer com muitas, mas também e com mais razão quando se fazem discursos ao povo, quando devemos aplicar-nos para sermos compreendidos. Na verdade, nos diálogos, cada um pode fazer perguntas, enquanto no discurso, quando todos ficam calados para que seja ouvida a voz de um ao qual se voltam todos os olhares do auditório, ali não se costuma nem é conveniente fazer perguntas sobre o que não se compreende. Por isso, o cuidado de quem fala deve ser de ir ao encontro de quem é obrigado a ficar calado. É verdade que uma multidão ávida de conhecer costuma indicar, por determinados gestos, se compreendeu; mas enquanto não se indicar isso, é preciso tratar de muitos modos o assunto que se explica e sempre com muita variedade de exposição; tal poder não o têm aqueles que expõem as coisas aprendidas antecedentemente e guardadas verbalmente na memória. Porém, quando se perceber que o assunto foi compreendido, deve-se ou pôr fim ao discurso ou passar para outro tema. De fato, assim como é agradável aquele que torna claras as coisas que devem ser conhecidas, da mesma forma se torna pesado quem insiste em coisas já conhecidas, repetindo-as ao ouvinte, cujas expectativas visavam exclusivamente que fossem esclarecidas as dificuldades daquilo que se estava expondo. É verdade que, por vezes, fala-se também de coisas conhecidas, com a finalidade de recrear, mas então não se espera tanto das coisas em si mesmas, quando da maneira de apresentá-las. E se também isso é conhecido e agrada aos ouvintes, pouco ou nada interessa se quem o refere é o próprio orador ou um leitor. Com efeito, as coisas escritas de maneira apropriada, são depois lidas com gosto não só por aqueles que chegam a conhecê-las pela primeira vez, e tornam a relê-las com o mesmo prazer, mas também por aqueles que há tempo as conheceram e não as tinham esquecido. Uns e outros as ouvem de boa vontade. Porém, quanto às coisas que alguém esqueceu, quando são relembradas, é como se as aprendesse. Mas não vou tratar agora da maneira de agradar; falo somente da maneira pela qual se devem ensinar as coisas aos que desejam aprender. E a melhor maneira é esta: fazer que quem ouve, ouça a verdade e compreenda aquilo que ouviu. Quando tal objetivo tiver sido alcançado, não se deve trabalhar mais sobre a mesma coisa, como que para ensiná-la mais profundamente, mas deve-se somente recomendá-la para que se fixe no coração. E se for oportuno fazê-lo, seja feito com moderação para não entediar.

Por que ensinar ao que se esforça deve-se falar com perspicácia, mas não desagradavelmente

11.26. Em resumo, no ensino, a eloquência consiste nisso: falar não para que agrade aquilo que incutia horror, nem para que se cumpra aquilo que criava dificuldades, mas para que apareça aquilo que era obscuro. Todavia, se isso for feito de maneira desagradável, seu fruto é percebido somente por aqueles poucos apaixonados que desejam saber as coisas a serem aprendidas, ainda que ditas de maneira desprezível e sem elegância. Quando se apropriaram das ideias, nutrem-se prazerosamente da verdade, pois a nota característica dos bons espíritos está nisso: nas palavras, amar a verdade, não as palavras. Afinal, para que serve uma chave de ouro, se não pode abrir o que queremos? Ou, que mal existe se uma chave é de madeira, mas consegue abrir, quando não buscamos outra coisa senão abrir o que está fechado? Mas, já que existe uma certa semelhança entre aqueles que comem e aqueles que aprendem, para evitar o desgosto de muitos, deve-se temperar também os alimentos sem os quais não se pode viver.

Compete ao orador instruir, agradar, convencer

12.27. Ora, um certo orador disse, e disse a verdade, que o orador deve falar de maneira que instrua, que agrade e que convença. E acrescentou: *Instruir é necessidade, agradar é doçura, convencer é vitória* (cf. Cícero, *De orat.* 1,69). Dessas três coisas, a que é indicada em primeiro lugar, isto é, a necessidade de instruir, pertence à essência das coisas que dizemos, enquanto as outras duas referem-se ao modo como as dizemos. Portanto, quem fala, com o objetivo de instruir, enquanto não for compreendido, não julgue ter comunicado o que quer àquele que se propunha instruir; porque, embora tenha falado as coisas que ele pessoalmente compreende, não deve pensar que as tenha dito a quem ainda não o compreendeu. Se, ao contrário, foi compreendido, seja qual for o modo pelo qual falou, disse-as bem. Mas se também quer agradar e convencer aquele ao qual fala, obterá isso não falando de qualquer modo, mas interessa como diz para que faça. Mas, assim como deve-se agradar o ouvinte para conseguir que o ouça, da mesma forma deve-se convencê-lo para fazê-lo passar à ação; e assim como se agrada ao falar com doçura, da mesma forma se convence quando se conseguir fazer-lhe amar o que lhe é prometido, temer o que o ameaça, odiar o que nele se censura, aceitar o que lhe é recomendado, doer-se por aquilo que, com tintas escuras, se descreve a ele como desagradável. Assim, quando pregas que se alegre com aquilo que causa alegria, que tenha compaixão daqueles que com palavras lhe pintas como pessoas que merecem piedade, que evite aqueles que tu lhe propões que fuja, o mesmo se diga de todas as outras coisas que com grande eloquência pode-se conseguir despertar os espíritos dos ouvintes para que não conheçam o que se deve fazer, mas para fazer o que já conhecem como necessário que se faça.

*Os ouvintes devem ser mais instruídos
do que convencidos*

12.28. Porém, se ainda não sabem, certamente, devem mais ser instruídos do que convencidos. E, talvez, nas próprias coisas conhecidas entusiasmam-se de tal modo que não seja necessário convencê-los com maior esforço de eloquência. Todavia, quando é necessário, deve-se fazê-lo; mas isso é necessário quando souberem o que devem fazer e, na realidade, não o fazem. Por isso, ensinar é uma necessidade, pois os homens podem fazer ou não fazer o que sabem. Mas, quem diria que eles devem fazer o que não sabem? E, por isso, nem sempre é necessário convencer, porque nem sempre subsiste a necessidade: como no caso em que o ouvinte tenha dado o consenso ao orador que ensina e que também agrada. Por isso, convencer leva à vitória, porque pode acontecer que alguém ensine e agrade, mas não obtenha o consenso. E então, que proveito tiveram as duas outras coisas, se faltar essa terceira? Mas, nem sempre agradar é uma necessidade, porque, quando se fala é para que se conheça a verdade, o que faz parte do trabalho de ensinar. Mas não se trata do modo de falar, nem se cuida que a verdade ou a própria fala cause prazer, pois são as coisas por si mesmas que, uma vez esclarecidas e demonstradas, causam prazer, por serem conforme à verdade. Daí porque, muitas vezes, uma vez esclarecidas e demonstradas, causam prazer também as coisas falsas. Com efeito, não agradam porque são falsas, mas porque sendo verdade que são falsas, agrada a maneira pela qual se demonstra que é verdadeira a sua falsidade.

Falado para, enfim, convencer os espíritos

13.29. Mas, por causa daqueles aos quais, por serem exigentes, a verdade não agrada se for apresentada de qualquer modo, deve-se apresentá-la de maneira que agrade também o discurso do orador e por isso, na eloquência, foi atribuída uma não pequena importância também à arte de agradar. Todavia, mesmo que esta esteja presente, não basta a espíritos endurecidos, aos quais não aproveita ter compreendido nem ter provado a eloquência do orador. De fato, que vantagem trazem estas duas coisas ao homem que, tanto confessa a verdade como louva a eloquência, mas não presta o consenso, que é o único objetivo para o qual tende a intenção do orador nas coisas que diz ao querer criar uma convicção? Realmente, se se ensinam coisas pelas quais seja suficiente crer ou conhecer, consentir nada mais é do que confessar sua verdade; mas, quando se ensinam coisas que se deve fazer, e se ensinam precisamente para que se façam, é inútil persuadir que é verdade o que se diz, em vão agrada a própria maneira pela qual é dito, se não se aprenderem as coisas para serem feitas. Portanto, é preciso que o orador eclesiástico, quando aconselha algo que deve ser praticado, não somente ensine para instruir ou agrade para impressionar, mas também convença para vencer. Na verdade, no caso de a demonstração da verdade unida também à beleza da dicção não conseguir convencer, resta-lhe somente levar o ouvinte a dar o consenso, convencendo-o pela elevação da eloquência.

A beleza da dicção deve ser buscada por
causa do assunto

14.30. Para a beleza dessa arte, os homens atribuíram-lhe tal valor para não só convencer a não fazer, mas também para fugir e detestar tantos e tão graves males e torpezas; coisas desse tipo são ensinadas por pessoas más e torpes com tanta eloquência que, se não for para dar consenso, ao menos se tenha prazer em ler muitas vezes. Aliás, Deus afaste de sua Igreja aquilo que o Profeta Jeremias dizia ao censurar a sinagoga dos Judeus: *Coisas espantosas e estranhas se têm feito nesta terra. Os profetas profetizam a mentira, os sacerdotes aplaudiram-nos com suas mãos e o meu povo amou essas coisas. Que castigo não virá, pois, sobre essa gente no fim de tudo?* (Jr 5,30-31). Ó eloquência tanto mais tremenda quanto mais pura e quanto mais sólida tanto mais veemente! Ó verdadeiro martelo que quebra as pedras! (cf. Jr 23,29). Ora, semelhante a essa coisa é sua palavra, que dirigiu pelos santos profetas e, pelo mesmo profeta, o próprio Deus a disse (cf. Jr 46,22). Por isso, longe, longe de nós que os sacerdotes aplaudam aqueles que dizem coisas iníquas e o povo de Deus ame assim! Longe de nós, repito, tanta loucura! Pois, o que faremos no futuro? E ainda que sejam menos compreendidas, agradem menos e estimulem menos, as palavras sejam ditas; todavia, que digam a verdade e se ouçam de boa vontade coisas justas e não as iníquas. E isso, certamente, não acontecerá, se não for falado com beleza.

A doutrina cristã retrocede pelo excesso de palavras

14.31. Mas, numa assembleia de pessoas sérias, como aquela na qual se diz a Deus: *Louvar-te-ei numa grande assembleia* (Sl 34,18), não é agradável aquela beleza com a qual, certamente, fala-se de coisas não más, mas se adornam de veste pomposa as coisas ordinárias e banais como não se adornariam, oportuna e seriamente, nem as coisas grandes e consistentes. Algo assim existe numa carta do beatíssimo Cipriano, e julgo que isso tenha acontecido por acaso ou feito de propósito, a fim de que, através dos pósteros, se soubesse como o bom gosto da doutrina cristã tinha afastado a língua de semelhantes redundâncias e se tenha restringido a uma eloquência mais séria e moderada; essa é a eloquência que, certamente, é amada nas suas cartas seguintes, que se deseja religiosamente, mas se consegue com dificuldade. Por isso, diz em certa passagem: *Busquemos esta sede: os arredores secretos permitem a separa-*

ção, enquanto, onde as quedas errantes dos rebentos se insinuam em laços pendentes entre as canas que as sustentam e com tetos frondosos formam um pórtico de videiras (Cipriano, *Ad Donat.* 1,78). Essas coisas não se dizem senão com uma fecundidade admiravelmente abundante de eloquência, mas, pela excessiva profusão, não convêm à seriedade. Realmente, aqueles que amam essas coisas, em relação àqueles que não falam desse modo, mas se expressam mais sobriamente, julgam que não podem falar assim e não que a evitam de propósito. Por isso, este santo homem tanto mostrou que podia falar assim, porque o fez em alguma passagem, como mostrou não queria, porque depois nunca mais falou.

Antes do discurso, Deus deve ser invocado pelo orador eclesiástico

15.32. Por isso, o nosso orador age quando fala coisas justas, santas e boas, e não deve falar de outras coisas; portanto, quando diz essas coisas, faz o que lhe é possível para ser ouvido de maneira compreensível, agradável e obediente. E que pode isso, se conseguir e quanto conseguir, não duvide de atribuí-lo mais à piedade das orações do que ao talento de orador, a fim de que, rezando por si e por aqueles aos quais irá falar, seja antes pessoa de oração do que pregador. Aproximando-se a hora de falar, antes de mover a língua para falar, eleve a alma sedenta a Deus, para que profira aquilo que tiver bebido e derrame aquilo de que está cheio. Com efeito, já que sobre qualquer assunto que toque o campo da fé e da caridade são muitas as coisas que devem ser ditas e muitas as maneiras pelas quais pode dizê-las quem as conhece, quem sabe o que, no tempo presente, devemos nós dizer, ou o que os ouvintes esperam ouvir de nós, senão aquele que vê os corações de todos? E quem faz que nós digamos aquilo que é necessário e como é necessário, senão aquele em cujas mãos estamos nós e todos os nossos discursos (cf. Sb 7,16)? E, por isso, na verdade, quem quer conhecer e ensinar, aprenda tudo aquilo que deve ensinar e também a capacidade expressiva que convém a um homem de Igreja; porém, no momento de falar, pense que, a uma mente bem intencionada, convém aquilo que o Senhor diz: *Quando vos entregarem, não cuideis como ou o que haveis de falar, porque naquela hora vos será inspirado o que haveis de dizer. Porque não sereis vós que falais, mas o Espírito do vosso Pai é que falará em vós* (Mt 10,19-20). Portanto, se é o Espírito Santo que fala naqueles que por Cristo são entregues aos perseguidores, por que não deveria ser o mesmo Espírito Santo a falar naqueles que apresentam Cristo a quem quer conhecê-lo?

Os preceitos de ensinar não são dados ao homem em vão, embora Deus produza os doutores

16.33. Porém, quem diz que não se deve dar aos homens normas sobre o que ou como ensinar, se é o Espírito Santo que nos torna mestres, pode também dizer que não nos é necessário rezar, porque o Senhor diz: *Vosso Pai sabe o que vos é necessário, antes que vós lho peçais* (Mt 6,8), ou que o Apóstolo Paulo não devia prescrever a Timóteo e a Tito o que e como ensinar aos outros. Porque, aquele que na Igreja recebeu a missão de ensinar deve ter diante dos olhos essas três Epístolas apostólicas. Ou não se lê na Primeira Carta a Timóteo: *Anuncia estas coisas e ensina* (1Tm 4,11)? Ora, quais sejam essas coisas, foi dito acima. E ali não se diz: *Não repreendas com aspereza o velho, mas exorta-o como a um pai* (1Tm 5,1)? E na Segunda Carta não lhe diz: *Conserva a forma das sãs palavras que ouviste de mim* (2Tm 1,13)? E ali não lhe é dito: *Esforça-te por te apresentares a Deus digno de aprovação, como um operário que não tem de que se envergonhar, que distribui retamente a palavra da verdade* (2Tm 2,15)? E ali está também: *Prega a palavra, insiste a tempo e fora de tempo, repreende, suplica, admoesta com toda a paciência e doutrina* (2Tm 4,2). A mesma coisa a Tito: Não diz que o bispo deve ser perseverante à palavra fiel segundo a doutrina, *de modo que possa ser capaz de ensinar a sã doutrina e refutar os que a contradizem* (Tt 1,9)? Ali também diz: *Tu, porém, ensina o que convém à sã doutrina que os velhos sejam sóbrios* (Tt 2,1-2), e as coisas que seguem. E ainda: *Ensina estas coisas, exorta e repreende com toda a autoridade. Ninguém te despreze* (Tt 2,15). *Adverte-os que sejam sujeitos aos príncipes e às autoridades* (Tt 3,1), etc. Portanto, o que pensamos? Será que o apóstolo é contrário a si mesmo quando, depois de dizer que os mestres da Igreja são movidos pela ação do Espírito Santo, manda a eles o que e de que modo devem ensinar? Ou antes deve-se entender que a tarefa dos homens dada como dom pelo Espírito Santo não pode não se estender também à instrução dos próprios mestres, embora *nem quem planta nem quem rega é alguma coisa, mas somente Deus que dá o crescimento* (1Cor 3,7)? Daí porque, embora exista o ministério de santos homens ou também a intervenção dos santos anjos, ninguém aprende corretamente aquilo que se refere à vida de união com Deus se, por Deus, não se tornar dócil a Deus, ao qual se diz no salmo: *Ensina-me a fazer a tua vontade, porque tu és o meu Deus* (Sl 142,10). Por isso, o apóstolo diz ainda a Timóteo, falando como mestre ao discípulo: *Tu, persevera no que aprendeste e que te foi confiado, sabendo de quem aprendeste* (2Tm 3,14). Ora, como nos medicamentos corporais, aplicados pelos homens a outros homens, não fazem efeito senão naqueles aos quais Deus concede a saúde que, aliás, pode curar também sem remédios, enquanto os remédios sem Deus nada valem, também se é preciso usá-los e se se tomam remédios para cumprir um dever, isso é considerado como uma obra de misericórdia ou de caridade. Assim acontece com o ensino da doutrina: administrado através do homem, é aproveitado pela alma se Deus intervém para que seja útil; esse Deus que pôde dar seu Evangelho ao homem, também sem o homem e sem a intervenção do homem.

Para ensinar agradando e convencendo existem três gêneros de oratória

17.34. Portanto, aquele que ao falar se propõe convencer sobre aquilo que é bom, sem desprezar nenhuma das três coisas, isto é, ensinar, agradar e convencer, reze e se esforce para que, como dissemos acima, seja ouvido com inteligência, de boa vontade e com docilidade. E se fizer isso de maneira adequada e conveniente, merecidamente pode ser chamado de eloquente, mesmo que não obtenha o assentimento do ouvinte. Além disso, a essas três finalidades, isto é, ensinar, agradar e convencer, parece que se ligam também as outras três, elencadas por aquele célebre autor de eloquência romana, quando dizia: *Por isso, será eloquente aquele que souber dizer as coisas pequenas em tom humilde, as coisas modestas em tom moderado, as coisas grandes em tom solene* (Cícero, *De orat.* 1,101).

O orador eclesiástico sempre se ocupa de matéria grande

18.35. Aquele autor poderia mostrar que as três coisas, como ele as descreveu, usam-se nas causas forenses; porém, não é assim em questões eclesiásticas, das quais se ocupa o discurso daquele que queremos instruir. Realmente, lá trata-se de coisas pequenas quando se julgam coisas de dinheiro; de coisas grandes, quando se julga a saúde e a cabeça dos homens. Mas quando não se deve julgar nada disso e não se trata de coisas que o ouvinte deve fazer ou decidir, mas só que se encante, e se está como que entre dois extremos e, por isso, disseram que aquela eloquência é modesta, isto é, moderada. O termo *modus* [medida] deu o nome às coisas módicas [medidas]. De fato, abusivamente usamos *módicas* em lugar de pequenas, não em sentido próprio. Diferente é nos nossos discursos, pois todas as coisas que dizemos, sobretudo aquelas que pregamos ao povo do púlpito, devemos referi-las à saúde dos homens, e não à saúde temporal, mas à salvação eterna, quando é também preciso evitar a morte eterna, de modo que todas as coisas que dizemos são grandes. E então, até as coisas pecuniárias, isto é, referentes a ganhar ou a perder, não podem ser consideradas como pequenas coisas que o orador eclesiástico diz, quer se trate de uma soma grande, quer de uma soma pequena. Como, de fato, não é pequena a justiça, pois, certamente, devemos respeitá-la também em pequenas somas, conforme diz o Senhor: *O que é fiel no pouco, também é fiel no muito* (Lc 16,10). Portanto, o que é mínimo, é mínimo; mas o que é fiel no mínimo, é grande. Pois a razão da rotundidade, isto é, que sejam iguais todas as linhas que se prolongam do centro para os lados, é idêntica num grande disco como numa pequena moeda, de modo que quando se cumprem com justiça as coisas pequenas, nem por isso diminui a grandeza da própria justiça.

A título de exemplo, propõe-se 1Cor 6,1-9

18.36. Afinal, quando fala dos juízos seculares (e quais não seriam pecuniários?) o apóstolo diz: *Atreve-se algum de vós, tendo litígio contra outro, ir a juízo perante os injustos e não perante os santos? Porventura não sabeis que os santos hão de julgar este mundo? E, se o mundo há de ser julgado por vós, sois vós porventura indignos de julgar as coisas mínimas? Não sabeis que havemos de julgar os anjos? Quanto mais as coisas do século? Portanto, se tiverdes litígios por coisas do século, estabelecei para as julgar os que são menos considerados na Igreja. Digo isso para confusão vossa. É possível que não haja entre vós um homem sábio, que possa julgar entre seus irmãos? Mas o que se vê é que um irmão litiga com outro irmão; e isto perante os infiéis? É já, absolutamente, uma falta em vós o haver pleitos entre vós. Por que não sofreis antes a injúria? Por que não tolerais antes o dano? Mas sois vós mesmos que fazeis injúria e causais dano; e isso a irmãos. Porventura não sabeis que os injustos não herdarão o reino de Deus* (1Cor 6,1-9)? O que desperta tanta indignação no apóstolo? Por que assim repreende, assim censura, assim eleva a voz, assim ameaça? Por que expressa a emoção de seu espírito com uma alteração de voz tão variada e tão áspera? Por fim, por que usa palavras tão solenes para coisas mínimas? Os negócios seculares mereceram tanto dele? De modo algum! Mas ele fala assim por causa da justiça, da caridade, da fé, pois ninguém de mente sadia pode duvidar que também nas pequenas questões existem realidades grandes.

Também quando recomendamos que se dê água fresca, falamos de coisa grande

18.37. Certamente, se tivéssemos de aconselhar os homens sobre a maneira como deveriam tratar os negócios seculares diante dos juízes eclesiásticos, tanto para si próprios, como para seus familiares, com razão os admoestaríamos a falar em estilo simples como convém a coisas pequenas. Mas falando aqui da maneira de se exprimir aquele que queremos que seja mestre das verdades pelas quais fomos libertados dos males eternos e se alcançam os bens eternos, sempre que se trata dessas coisas, diante do povo ou em particular, seja que nos dirijamos a uma pessoa ou a muitas, seja com amigos seja com inimigos, seja num discurso prolongado ou num diálogo, seja em tratados ou em livros, seja em cartas muito longas ou muito breves, trata-se sempre de coisas grandes. A não ser, talvez, que um copo de água fresca seja uma coisa mínima e muito vil, mas o Senhor não disse uma coisa mínima e insignificante quando afirmou que quem o tivesse dado a um discípulo seu não teria perdido a sua recompensa (cf. Mt 10,42); portanto, quando este doutor faz um sermão na Igreja, não deverá julgar que faz uma coisa pequena e, por isso, deve falar disso não com eloquência moderada, nem com eloquência solene, mas com tom humilde. E quando acontecer que falamos ao povo desse tema e Deus esteve presente para não falarmos de modo inadequado, não acontece, talvez, que daquela água fresca – digamos assim – se levantaria uma enorme chama (cf. 2Mc 1,32), de modo a acender, pela esperança da recompensa celeste, também os frios corações dos homens e sugerir-lhe que realizem obras de misericórdia?

Outras vezes deve-se usar outro tipo de linguagem

19.38. E, todavia, quando este mestre deve falar de coisas grandes, nem sempre deve dizê-las com estilo solene, mas com estilo humilde quando ensina, em tom moderado quando censura ou elogia alguma coisa. Mas quando se trata de coisas a serem feitas e falamos aos que devem agir, mas não querem, então, deve-se falar com estilo solene as coisas que são grandes, para convencer adequadamente os espíritos. E, por vezes, de uma e mesma coisa grande, tanto fala-se com estilo humilde quando se ensina, como com estilo moderado quando se prega e com estilo solene quando se trata de fazer voltar um espírito desviado. E, de fato, o que é maior do que Deus? Será que, por isso, não se deve ser instruído? Ou quem ensina a unidade da Trindade, não deverá tratar disso em tom humilde, de modo que o tema, de per si difícil de ser conhecido, dentro do possível possa ser compreendido? Será que aqui se buscam os ornamentos e não os argumentos? Ou será que se deve convencer o ouvinte para que faça alguma coisa, ou, antes, não se deve instruí-lo para que aprenda? Por outro lado, quando se louva a Deus, ou por si mesmo ou nas suas obras, que forma bela de elocução, ou melhor, esplêndida, não surge dos lábios daquele que consegue louvá-lo quanto lhe é possível, mesmo sendo verdade que ninguém sabe louvá-lo como mereceria e, todavia, ninguém pode deixar de louvá-lo! Mas, se Deus não for adorado, ou com ele, ou até mais do que ele, adoram-se os ídolos, os demônios ou qualquer outra criatura, isso é um grande mal e para que os homens sejam afastados desse mal, na verdade, deve-se falar dele com estilo solene.

Exemplos das sagradas Letras: primeiro, estilo humilde de falar

20.39. Existe um exemplo de estilo humilde de falar no apóstolo Paulo, para que eu lembre algo mais claramente, onde diz: *Dizei-me, vós, os que quereis estar debaixo da lei, não lestes a lei? Com efeito, está escrito que Abraão teve dois filhos: um da escrava e outro da livre. Mas o da escrava, nasceu segundo a carne, e o da livre, em virtude da promessa. Estas coisas foram ditas por alegoria, porque estas são os dois testamentos. Um do monte Sinai, que gera para a escravidão: Agar, porque o Sinai é um monte da Arábia, o qual corresponde à Jerusalém daqui debaixo, a qual, é escrava com seus filhos. Mas aquela Jerusalém que é de cima, é livre e é nossa mãe* (Gl 4,21-26). E igualmente onde argumenta e diz: *Irmãos, falo como homem, um testamento, embora seja de um homem, estando confirmado, ninguém o anula nem lhe faz aditamentos. Ora, as promessas foram feitas a Abraão e à sua descendência. Não diz: E às descendências, como de muitas, mas como de um só: A tua descendência, a qual é Cristo. Ora, eis o que eu quero dizer: o testamento, confirmado por Deus, não foi anulado pela lei, feita quatrocentos e trinta anos depois, de modo a tornar vã a promessa. Em verdade, se pela lei é que vem a herança, já não vem pela promessa. Ora, pela promessa, é que Deus a deu a Abraão* (Gl 3,15-18). E porque o ouvinte poderia pensar: Então, para que foi dada a lei, se dela não deriva a herança? Ele próprio se fez essa pergunta e, como quem interroga, diz: *Para que é então a lei? Foi acrescentada por causa das transgressões, até que viesse a descendência, a quem tinha sido feita a promessa, e foi promulgada pelos anjos na mão de um mediador. Ora, um mediador não o é de um só. E Deus é só um* (Gl 3,19-20). E aqui aparecia a pergunta que o apóstolo fizera a si mesmo: *Logo, a lei é contra as promessas de Deus? De nenhuma sorte.* E motivando a afirmação diz: *Porque, se fosse dada uma lei que pudesse dar vida, a justificação viria realmente da lei. Mas a Escritura encerrou tudo debaixo do pecado, para que a promessa fosse dada aos crentes mediante a fé em Jesus Cristo* (Gl 3,22). E existem outros exemplos desse tipo. Portanto, pertence à tarefa de ensinar não só tornar claras as coisas obscuras e desfazer os nós das questões, mas também, enquanto se faz isso, esclarecer as outras questões que eventualmente possam se apresentar, para que aquilo que vínhamos dizendo não seja contradito ou rejeitado em base a estas últimas. Todavia, sob uma condição, isto é, que sua solução nos venha prontamente ao espírito e não nos perturbemos por não podermos resolvê-las todas. Ora, acontece que à questão de que se trata sobrevenham outras questões e a estas, outras mais. Para tratá-las e resolvê-las todas, prolonga-se demais o raciocínio e se necessita de muita atenção, tanto que, se a memória não for verdadeiramente forte e robusta, a discussão não pode voltar ao início, de onde surgiu o problema. Mas é muito bom que, se ocorrer algo que possa ser contradito, seja logo refutado, para não acontecer de lembrar-se disso quando não esteja presente quem possa responder, ou quando o objetor está presente, mas já está calado ou tenha partido menos curado [de sua dúvida].

Exemplos de estilo moderado nas epístolas paulinas

20.40. Exemplos de estilo moderado são as seguintes palavras do apóstolo: *Não repreendas o velho com aspereza, mas exorta-o como a um pai; os jovens como a irmãos; as velhas, como a mães, as jovens, como a irmãs* (1Tm 5,1-2). E nestas: *Rogo-vos, pois, irmãos, pela misericórdia de Deus, que ofereçais os vossos corpos como uma hóstia viva, santa, agradável a Deus* (Rm 12,1). E quase todo o trecho da própria exortação tem um estilo moderado. Ali as partes mais belas são aquelas nas quais as coisas próprias fluem harmoniosamente para os próprios, como se fossem a restituição daquilo que lhes é devido, assim é: *Mas temos dons diferentes, segundo a graça que nos foi dada; quem tem o dom da profecia, use-o segundo a regra da fé; quem tem o ministério, exerça o ministério; quem tem o dom de ensinar, ensine; quem tem o dom de exortar, exorte; o que reparte, faço-o com simplicidade, o que preside, seja solícito; o que faz obras de misericórdia, faça-as com alegria. O amor seja sem fingimento. Aborreci o mal, aderi ao bem. Amai-vos reciprocamente com caridade fraternal, adiantando-vos em honrar uns aos outros. Na solicitude não sejais preguiçosos; sede fervorosos de espírito, servindo ao Senhor; alegres na esperança; pacientes na tribulação, perseverantes na oração, tomando parte nas necessidades dos santos, exercendo a hospitalidade. Abraçai os que vos perseguem; abençoai-os, e não os amaldiçoeis. Alegrai-vos com os que estão alegres, chorai com os que choram, tende entre vós os mesmos sentimentos.* E com que beleza todas estas expressões, tão prolongadas, terminam com um período de dois membros: *Não aspireis a coisas altas, mas acomodai-vos às humildes* (Rm 12,6-16). E pouco depois diz: *Pagai, pois, a todos o que lhes é devido: a quem tributo, o tributo; a quem imposto, o imposto; a quem temor, o temor; a quem honra, a honra.* Todas essas recomendações, espalhadas membro a membro, fecham-se também com um período circular de dois membros: *A ninguém devais coisa alguma, a não ser o amor mútuo* (Rm 13,6-8). E pouco mais adiante: *A noite está quase passada e o dia se aproxima. Deixemos, pois, as obras das trevas e revistamo-nos das armas da luz. Caminhemos como de dia, honestamente; não em glutonerias e na embriaguez, não em desonestidades e dissoluções, não em contendas e emulação, mas revesti-vos do Senhor Jesus Cristo e não tenhais cuidado da carne em suas concupiscências* (Rm 13,12-14; cf. Confissões, 8,12,29). Se alguém dissesse assim: E não satisfareis as vontades da carne mediante a concupiscência, certamente teria agradado ao ouvido com um fecho mais prolongado, mas o sábio tradutor preferiu manter também a ordem das palavras. Como soem essas palavras em língua grega, na qual o apóstolo escreveu, cuidem aqueles que são peritos nesta língua para perceber tais finezas; quanto a mim, a tradução que nos fizeram seguindo literalmente a ordem das palavras, não me parece correr com muito ritmo.

O embelezamento da elocução que se faz com numerosas cláusulas, raramente é encontrado na Bíblia

20.41. Efetivamente, este embelezamento estilístico que se faz com numerosas cláusulas, deve-se confessar que falta em nossos autores. Se isso foi feito pelos tradutores, ou – o que julgo mais provável – se, propositadamente, eles mesmos evitaram tais plausíveis finezas, não ouso afirmá-lo, porque, devo confessar, ignoro-o. Todavia, uma coisa eu sei: se uma pessoa perita em prosódia e métrica quisesse estruturar a frase segundo as normas dessa ciência, coisa que é facílimo fazer mudando algumas palavras, que têm valor somente por seu significado, ou mudar a ordem em que elas se encontram, perceberá que àqueles homens divinos não faltou nenhuma das coisas que, nas escolhas de gramáticos ou dos reitores, costumam ter grande importância. Além disso, encontrará muitas espécies de locuções de beleza tão elevada – são belas na nossa língua, mas sobretudo na sua – que simplesmente não se encontram nos escritos dos quais os profanos tanto se orgulham. Todavia, é preciso cuidar para não diminuir o alcance daquelas sentenças divinas e profundas quando se quer submetê-las à cadência numerada. Na verdade, a arte musical, na qual se aprende plenamente a ciência dos números, tanto não faltou aos nossos profetas que o douto homem que é Jerônimo sublinhou que ali existe também a métrica, ao menos no que se refere à língua hebraica (cf. Jerônimo, *In Iob*,

Prol.), e para conservar sua verdade nas palavras não quis nem fazer a tradução. Eu, porém, para falar do que sinto e que me é mais conhecido do que aos outros e superior ao que conhecem os outros, embora julgue fazê-lo modestamente, não deixo de falar dessas cadências rítmicas, e me agrada muitíssimo se consigo encontrá-las também em nossos autores, precisamente porque encontro-as muito raramente.

O estilo solene de falar

20.42. Porém, o estilo solene de falar difere muitíssimo do estilo moderado, não tanto pelo fato de se adornar com palavras elegantes, mas porque expressa com violência os sentimentos do espírito. É verdade que acolhe também quase todos os ornamentos, mas se não os tiver, não os procura. De fato, é movido por seu próprio ímpeto e, se eventualmente assume a beleza do estilo, é levado pela força das coisas, não pelo cuidado da beleza. Por causa do assunto em questão, basta-lhe que as palavras oportunas não sejam escolhidas como exigência de expressão, mas sigam o ardor do coração. Afinal, se um homem forte for armado com uma espada de ouro e cravejada de pedras preciosas, realiza intensíssimas lutas que podem ser feitas com tais armas, não porque são preciosas, mas porque são armas. Todavia, ele é sempre o mesmo e vale muito também quando *ao vibrar o dardo o faz com ira* (Virgílio, *Aen.* 7,507). O apóstolo quer que, pelo ministério evangélico, sejam tolerados todos os males desse tempo em vista do consolo que vem dos dons de Deus. O assunto é grande e é tratado com eloquência solene, onde não faltam ornamentos de retórica: *Eis agora o tempo aceitável, eis aqui agora o dia da salvação. Não dando a ninguém ocasião alguma de escândalo, para que não seja vituperado o nosso ministério, antes em todas as coisas mostramo-nos como ministros de Deus, com muita paciência nas tribulações, nas necessidades, nas angústias, nos açoites, nos cárceres, nas sedições, nos trabalhos, nas vigílias, nos jejuns; com a castidade, com a ciência, com a longanimidade, com a mansidão, com o Espírito Santo, com a caridade não fingida, com a palavra da verdade, com a virtude de Deus, com as armas da justiça, à direita e à esquerda, entre a glória e a ignomínia, entre a infâmia e o bom nome; como sedutores, embora verdadeiros; como desconhecidos, embora conhecidos, como moribundos, mas ainda agora vivos; como castigados, mas não amortecidos; como tristes, mas sempre alegres; como pobres, mas enriquecendo a muitos; como não tendo nada, mas possuindo tudo.* Veja ainda seu ardor: *A nossa boca está aberta para vós, Coríntios; o nosso coração dilatou-se* (2Cor 6,2-11), e todas as outras coisas que seria longo citar.

Um exemplo de eloquência solene em Rm 8,28-39

20.43. Do mesmo modo, na Carta aos Romanos, fala das perseguições deste mundo e de como se vencem pela caridade na esperança certa da ajuda de Deus. Porém, fala solene e elegantemente, e diz: *Nós sabemos que todas as coisas concorrem para o bem daqueles que amam a Deus, para o bem daqueles que, segundo o seu eterno de-*

sígnio foram chamados santos. Porque os que ele conheceu na sua presciência, também os predestinou para serem conformes à imagem de seu Filho, para que ele seja o primogênito entre muitos irmãos. E aqueles que predestinou, também os chamou; e aqueles que chamou, também os justificou; e aqueles que justificou, também os glorificou. Que diremos, pois, à vista dessas coisas? Se Deus é por nós, quem será contra nós? O que não poupou nem o seu próprio Filho, mas por nós todos o entregou, como não nos dará também com ele todas as coisas? Quem acusará os escolhidos de Deus? Deus é que justifica. Quem os condenará? Jesus Cristo é o que morreu, e ainda mais o que ressuscitou, o que está à direita de Deus, o que também intercede por nós. Quem nos separará, pois, do amor de Cristo? A tribulação? A angústia? A fome? A nudez? O perigo? A perseguição? A espada? Segundo está escrito: Por ti somos entregues à morte todos os dias, somos reputados como ovelhas para o matadouro. Mas de todas essas coisas saímos mais que vencedores por aquele que nos amou. Porque eu estou certo de que nem a morte, nem a vida, nem os anjos, nem os principados, nem as virtudes, nem as coisas presentes, nem as futuras, nem a força, nem a altura, nem a profundidade, nem nenhuma outra criatura nos poderá separar do amor de Deus, que está em Jesus Cristo nosso Senhor (Rm 8,28-39).

Outro exemplo de eloquência solene em Gl 4,10-20

20.44. *Aos Gálatas*, porém, embora toda aquela *Epístola* esteja escrita em estilo humilde, com exceção das últimas partes, onde o estilo é moderado, todavia, em certo ponto, interpõe um trecho tão carregado de sentimentos que, embora privado de todos os embelezamentos que se encontram nas passagens agora citadas, não poderia ser qualificado senão como de estilo solene. Diz: *Observais os dias, os meses, os tempos e os anos! Temo por vós, não tenha eu talvez trabalhado inutilmente entre vós. Sede como eu, porque também eu sou como vós; eu vo-lo peço, irmãos, vós em nada me ofendestes. E sabeis que da primeira vez vos preguei o Evangelho na aflição da carne; e, o que na minha carne era uma prova para vós, não o desprezastes nem rejeitastes, antes, me recebestes como um anjo de Deus, como Cristo Jesus. Onde está, pois, aquela vossa felicidade? Por que posso testemunhar que, se fosse possível, vós arrancaríeis os olhos para dá-los a mim. Tornei-me eu logo vosso inimigo, porque vos disse a verdade? Esses estão cheios de zelo por vós, mas não corretamente; antes, querem separar-vos de nós, para que os sigais a eles. É bom que sejais sempre zelosos pelo bem e não só quando eu estou presente entre vós. Filhinhos meus, por quem eu sinto de novo as dores do parto, até que Jesus Cristo se forme em vós, bem quisera eu estar agora convosco e mudar a minha linguagem, porque estou perplexo a vosso respeito* (Gl 4,10-20). Será que aqui existem antíteses ou as palavras são colocadas segundo uma certa graduação ou existem cesuras, frases e períodos? E, todavia, não esfriou o grande afeto por força do qual sentimos que o discurso se torna fervente.

Cipriano usa um estilo simples de falar

21.45. Contudo, essas palavras do apóstolo são, ao mesmo tempo, claras e profundas e foram escritas e aprendidas de cor, de modo que, se nelas alguém não se contentar com uma leitura superficial, mas buscar um aprofundamento, é-lhe necessário não só um leitor ou um ouvinte, mas também um comentador. Por isso, vejamos esses estilos de falar naqueles que, pela leitura deles, fizeram notáveis progressos na ciência das coisas divinas e salutares e as ministraram à Igreja. O Bem-aventurado Cipriano usa o estilo simples de falar no livro em que trata do Sacramento do cálice. Na verdade, ali se resolve o problema no qual se questiona se o cálice do Senhor devia conter somente água ou água misturada com vinho. Como exemplo, dali deve-se tomar alguma passagem. Portanto, após o início da Epístola, já começando a resolver a questão proposta, diz: *Saiba, pois, que estamos advertidos de que ao oferecer o cálice devemos observar a tradição do Senhor e que não devemos fazer outra coisa senão aquilo que, por primeiro, para nós fez o Senhor: que o cálice oferecido em sua memória deve ser oferecido com água misturada com vinho. Pois, quando Cristo diz: Eu sou a verdadeira videira* (Jo 15,1)*, o sangue de Cristo, certamente, não é água, mas vinho. Nem seu sangue, pelo qual somos remidos e vivificados, pode ser visto estar no cálice, quando faltar no cálice em que se mostra o sangue de Cristo, como é ensinado pelo sacramento e pelo testemunho de todas as Escrituras. Com efeito, no Gênesis, encontramos que essa mesma coisa aconteceu, antecipadamente, no gesto simbólico de Noé, que para nós é uma figura da paixão do Senhor: que ele bebeu vinho, que se embriagou, que se desnudou em sua casa, que se deitou com as* *coxas descobertas, que aquela nudez foi observada pelo filho do meio, mas foi coberta pelo filho maior e pelo menor* (cf. Gn 9,20-23). *E as outras coisas, que não é necessário apresentar, já que basta referir somente isso, isto é, que Noé, representando o tipo da verdade futura, não bebeu a água, mas o vinho e, assim, representou a paixão do Senhor. Igualmente, vemos representado o Sacramento do Senhor no sacerdote Melquisedec, conforme aquilo que a Escritura divina testemunha e diz: E Melquisedec, rei de Salém, trazendo pão e vinho, porque era sacerdote do Deus Altíssimo, e abençoou Abraão* (Gn 14,18). *Mas que Melquisedec é uma figura de Cristo, declara-o nos Salmos o Espírito Santo quando, falando em nome do Pai, diz ao Filho: Antes da aurora eu te gerei. Tu és sacerdote eternamente, segundo a ordem de Melquisedec* (Sl 109,3-4). Estas e as outras coisas que seguem na Carta, conservam o tom de falar simples; e isso pode ser constatado, facilmente, por quem a ler (Cipriano, *Ep.* 63,2-4, *ad Caecilium, De Sacram. calicis*).

O mesmo faz Ambrósio

21.46. Também Santo Ambrósio, quando trata do grande assunto que é o Espírito Santo, para mostrar que ele é igual ao Pai e ao Filho, usa, contudo, o estilo simples de falar, porque o assunto tomado não lhe exige ornamentos de palavras ou meios aptos a comover o afeto a fim de dobrar os espíritos, mas só documentos. Por isso, entre outras coisas, no início dessa obra, diz: *Movido pelo oráculo, Gedeão, quando ouviu que, embora, lhe viessem a faltar milhares de homens, o Se-*

nhor livraria seu povo dos inimigos mediante um único homem, ofereceu um cabrito, cuja carne, conforme a ordem do anjo, colocou sobre uma pedra junto com os ázimos e derramou-lhes por cima o caldo. Ora, assim que o anjo de Deus tocou essas coisas com a ponta da vara que tinha na mão, da pedra brotou um fogo que consumiu o sacrifício que Gedeão estava oferecendo (cf. Jz 6,11-21). Deste sinal, parece suficientemente indicado que aquela pedra representava o corpo de Cristo, porque está escrito: Todos bebiam da pedra espiritual que os seguia, pedra que era Cristo (1Cor 10,4). Isso, certamente, não se refere à sua divindade, mas à sua carne, que inundou o coração dos povos sedentos com o perene rio de seu sangue. Por isso, desde então, no mistério tornou-se conhecido que, na sua carne, o Senhor Jesus, uma vez crucificado, teria apagado os pecados do mundo, e não só os delitos cometidos com as ações, mas também as concupiscências dos espíritos. De fato, a carne do cabrito refere-se às culpas das ações, enquanto o caldo se refere às atrações da concupiscência, como está escrito: Porque a população desejou uma péssima cobiça e disse: Quem nos dará carnes para comer (Nm 11,4)? Depois, o fato de o anjo estender a vara e tocar a pedra, da qual brotou o fogo, demonstra que a carne do Senhor, cheia do divino Espírito, teria queimado todos os pecados dos homens de qualquer condição. Por isso, também o Senhor diz: Vim trazer fogo à terra (Lc 12,49), e as outras coisas, onde ele se ocupa, sobretudo, em ensinar e demonstrar o tema que se propôs (Ambrósio, *De Spiritu S.*, Prol., 2-3).

O estilo moderado de eloquência em Cipriano

21.47. Em Cipriano, pertence ao estilo moderado o elogio da virgindade: *Agora, o nosso discurso dirige-se às virgens, das quais, quanto mais sublime é a glória, tanto maior deve ser o nosso cuidado. Elas são a flor do gérmen da Igreja, o esplendor e o ornamento da graça espiritual, a alegre natureza do louvor e da honra, a obra íntegra e incorrupta, a imagem de Deus que responde à santidade do Senhor, a mais ilustre porção do rebanho de Cristo. Por elas e nelas alegra-se e largamente floresce a gloriosa fecundidade da mãe Igreja e quanto mais cresce o número da gloriosa virgindade, tanto mais aumenta a alegria da mãe* (Cipriano, *De disciplina et habitu virginum*, 3,23). E em outro lugar, no fim da Epístola diz: *Como trouxemos a imagem do homem terreno, tragamos também a imagem do celeste* (1Cor 15,49). *Ora, esta imagem é trazida pela virgindade, é trazida pela integridade, é trazida pela santidade e pela verdade; trazem-na, também, aquelas que lembradas do ensino de Deus praticam a justiça unida à religião, são estáveis na fé, humildes no temor, fortes para toda a tolerância, mansas para suportar as injúrias, fáceis em fazer a misericórdia, unânimes e concordes na paz fraterna. Cada uma de vós, ó boas virgens, deveis observar, amar, cumprir essas coisas, prestando atenção às coisas de Deus e de Cristo e, escolhida por vós a porção maior e melhor, precedei [os outros fiéis] no altar ao encontro do Senhor, a quem vos consagrastes. Sendo mais idosas, sede mestras das mais jovens; vós mais jovens prestai vossos serviços às mais anciãs e sede um estímulo às coetâneas; despertai-vos com mútuas exortações, provocai-vos para a glória com estímulos de exemplos de virtude; perseverai corajosamente, avançai espiritualmente, aproximai-vos fielmente [da meta]. Somente lembrai-vos de nós, quando em vós a virgindade começar a ser coroada* (Cipriano, *De disciplina et habitu virginum* 3,24).

Estilo moderado de eloquência em Ambrósio

21.48. Também Ambrósio, em estilo de falar moderado e ornado, quando propõe às virgens professas, a título de exemplo, que imitem os costumes e diz: *Era virgem não só de corpo, mas também de espírito, que não manchava a sinceridade do afeto por nenhuma intriga desleal; era humilde de coração, séria no falar, prudente de espírito, mais moderada no falar, mais assídua no estudo; não depositava a esperança na incerteza das riquezas* (cf. 1Tm 6,17), *mas na oração do pobre; era aplicada no trabalho, verdadeira na palavra; como árbitro da mente não buscava o homem, mas a Deus; não prejudicava a ninguém, mas queria o bem de todos* (cf. Teren., *Adelph*, 864); *respeitava as mais idosas, não invejava as iguais; fugia da jactância, seguia a razão, amava a virtude. Quando ela ofendeu os pais, mesmo com o rosto? Quando discordou dos próximos? Quando aborreceu o humilde? Quando riu do fraco? Quando evitou o pobre? Costumava visitar somente a companhia daqueles homens que, por misericórdia, não devia envergonhar-se nem evitar por pudor. Nada é ameaçador nos olhos, nada insolente nas palavras, nada descarado nos atos; não tem gesto mole, não é descuidada no andar, não é petulante na voz; para quem a própria beleza do corpo não era senão a imagem do espírito e a expressão da honestidade. Na verdade, uma casa boa deve ser reconhecida pelo próprio vestíbulo e, assim que se entra, deve-se perceber que dentro não existem trevas, como se a lâmpada interna iluminasse para fora. Portanto, para que recordarei sua sobriedade na alimentação e a atividade dos serviços: nesta avançou além da natureza, naquela privou-se até daquilo que a natureza exige. Numa não interpôs nenhum intervalo, na outra uniu dias de jejum e se alguma vez lhe vinha a vontade de se satisfazer, tomava tanto alimento quanto lhe fosse necessário para evitar a morte, não para satisfazer seu gosto* (Ambrósio. *De virgin.* 2,2,7-8), etc. Escolhi este trecho como exemplo de estilo moderado, porque aqui não se trata de levar a fazer voto de virgindade aqueles que ainda não fizeram o voto, mas como devem ser aquelas que já fizeram o voto. De fato, para obter que o espírito assuma tal e tamanho propósito, é preciso, sem dúvida, que se mova e se inflame com um estilo solene de falar. Aliás, o mártir Cipriano escreveu sobre o comportamento das virgens, não sobre o propósito de abraçar a virgindade; o bispo Ambrósio, porém, pensou que também devia inflamá-las a isso com estilo solene.

Exemplo de eloquência solene em Cipriano

21.49. Recordarei exemplos de eloquência solene por aquilo que ambos – Cipriano e Ambrósio – fizeram. Na verdade, ambos se levantaram contra as mulheres que coloram seu rosto com pigmentos, ou antes, descoloram. O primeiro deles, quando trata disso, entre outras coisas, diz: *Se um pintor que desenhou e habilmente coloriu um rosto, a beleza e a forma do corpo e se, pintada e terminada a imagem, aparecesse um outro, e julgando-se mais hábil refizesse a pintura já delineada e pronta, seria uma grave injúria ao primeiro artista e justa seria a indignação deste. E tu, julgas poder permitir-te impunemente a audácia e tão perversa temeridade de ofender a Deus criador? Com efeito, para não seres impudica em relação aos homens, nem manchada pelos artifícios dos sedutores, tendo corrompido e violado as coisas que são de Deus, fizeste de ti uma adúltera ainda pior. Com aquilo que julgas estar ornada, com aquilo que crês ser enfeite, tu assaltas a obra de Deus, tu prevaricas a verdade. É palavra do apóstolo que admoesta: Purificai-vos do velho fermento, para que sejais uma nova massa, assim como sois ázimos. Pois, Cristo, nosso cordeiro pascal, foi imolado. Celebremos, pois, a festa, não com fermento velho, nem com fermento da malícia e da perversidade, mas com os ázimos da pureza e da verdade* (1Cor 5,7-8). *Ou será que se mantém a sinceridade e a verdade quando se poluem as coisas sinceras e as verdadeiras mudam-se em mentiras com a adulteração feita por meio das cores e dos artifícios adulterinos? Teu Senhor diz: Não podes fazer branco ou negro um só dos teus cabelos* (Mt 5,36)*, e tu, para vencer a voz do Senhor queres ser mais poderosa do que ele? Com tentativa audaz e com desprezo sacrílego pintas os teus cabelos e, com mau presságio da sorte futura, esperas ter desde agora os cabelos cor de fogo* (Cipriano, *De disciplina et habitu virginum*, 15ss.). Seria longo acrescentar todo o restante do discurso.

Exemplo de eloquência solene em Ambrósio

21.50. Falando contra as mesmas pessoas, o segundo diz: *Daqui nascem aqueles incentivos dos vícios, pelos quais pintam-se os lábios com cores afetadas e, enquanto temem desagradar aos homens adulterando o rosto, tramam o adultério da castidade. Que loucura é esta: mudar o aspecto natural, procurar a pintura e, enquanto temem o juízo do marido, traem o seu. De fato, aquela que deseja mudar aquilo com que nasceu, pronuncia por primeiro um juízo contra si. Assim, enquanto procura agradar os outros, já antes ela não agrada a si mesma. Ó mulher, que juiz procuraremos para avaliar a tua deformidade, além de ti mesma, que temes mostrar-te como és? Se és bela, por que te escondes? Se és feia, por que mentes que és formosa, não obtendo graça nem da tua consciência nem da parte dos outros que induzes ao erro? De fato, teu marido ama uma outra, tu queres agradar a um outro, e te enraiveces se ele ama a outra, porque aprende de ti a adulterar. Tu és a mestra má da tua ofensa. Quem cedeu às artes de um adúltero foge do adultério e, embora seja uma mulher desprezível, não continua a pecar com outros, embora peque dentro de si mesma. De certo modo, o pecado do adultério é mais tolerável, pois ali se peca contra a castidade, aqui se altera a natureza* (Ambrósio, *De virgin.* 2,2,7-8). Considero suficientemente claro que, depois de um semelhante tratado de eloquência, as mulheres se sintam vivamente levadas a não alterar com pinturas sua forma natural e a crescer no pudor e no temor. Por isso, reconhecemos que este gênero de eloquência não é simples nem moderado, mas absolutamente solene. E nestes dois homens de Igreja que, entre todos, eu quis citar, e em outros que ensinaram o bem de maneira adequada, isto é, como é exigido pelo tema, com agudez, com habilidade e com fervor, em muitos de seus escritos ou discursos podem ser encontrados esses três tipos de eloquência; e quem os estuda, depois de tanto lê-los ou ouvi-los com frequência e também exercitando-se pessoalmente, poderão fazer que se tornam um hábito.

A dicção deve ser variada em todos os gêneros

22.51. E alguém não deve crer que seja contrário às normas misturar esses três estilos; e até, quanto mais adequadamente puder fazê-lo, o discurso deve ser variado conforme os três gêneros. Pois, quando se demora muito num só gênero, menos se prende o ouvinte. Mas quando se passa de um gênero para o outro, embora seja mais longo, o discurso procede mais agradável; e isso também se, quando quem fala é eloquente, cada uma das espécies tem em si mesma variações que não permitem que os sentidos de quem ouve se esfriem ou amorneçam. Na verdade, é muito mais fácil poder tolerar só o uso prolongado do estilo simples, do que só o solene. Certamente, quanto mais a emoção do espírito deve ser excitada, para que o ouvinte nos dê o consenso, tanto menos deve-se estar preso a ela, quando estiver suficientemente excitada. E por isso, deve-se evitar que quando queremos elevar mais alto aquele que está elevado, que também daí se faça descer do ponto que havia alcançado. Interponham-se, portanto, as coisas que devem ser ditas mais simplesmente e então será bela a volta ao que se deve dizer de forma solene, para que o ímpeto da dicção se alterne como as ondas do mar. Daí segue que o gênero solene de falar deve ser dito mais longamente, não deve ser o único a ser usado, mas deve-se variá-lo com a inserção dos outros gêneros de falar; todavia, o discurso todo deve ser inserido no gênero que nele prevalece.

Como devem ser misturados os gêneros de dicção

23.52. Certamente interessa estabelecer qual o gênero que se interpõe com o outro e quando usá-lo, pois existem normas certas e necessárias. De fato, no gênero solene, os inícios devem ser sempre ou quase sempre de gênero moderado, e é deixado à livre escolha do orador dizer coisas em estilo simples, também aquelas que poderiam ser ditas em estilo solene, de modo que as coisas que se dizem com eloquência solene, em relação com elas se tornem mais solenes e elas, como através de sombras, se tornem mais luminosas. Porém, seja qual for o gênero usado, deve-se desfazer os nós de algumas questões. Então, necessita-se de agudez, coisa propriamente reservada ao gênero simples. Por isso, esse gênero, também ligando-o com os outros dois, deve-se usá-lo quando aparecem assuntos desse tipo: por exemplo, quando se deve louvar ou reprovar algo que não exija a condenação, nem libertação da pessoa, ou o assenso a alguma ação; em qualquer outro gênero que ocorrer, deve-se usar e interpor o gênero moderado. Portanto, no gênero solene encontram seus lugares os outros dois e o mesmo acontece com a eloquência simples. Quanto ao gênero moderado, este exige, não sempre, mas às vezes, o gênero simples, se, como afirmei, é preciso resolver o nó de alguma questão, ou quando coisas que poderiam ser ditas com linguagem ornada, não se ornam, mas se dizem com linguagem simples, para que o lugar mais elevado seja reservado aos ornamentos, que assim se encontram como que no alto de um leito. O gênero moderado, porém, não exige dicção solene, pois usa-se para alegrar os espíritos, não para excitá-los.

O que faz o gênero solene de falar

24.53. Certamente, se um orador é aclamado mais frequente e ardentemente, por isso, não se deve julgar que fale num estilo solene. Ora, isso é feito tanto pela fineza do estilo simples, quanto pelos ornamentos do estilo moderado. O gênero solene, porém, na maioria das vezes, com seu peso comprime as vozes e faz brotar as lágrimas. Uma vez, em Cesareia da Mauritânia, tive de convencer o povo a abandonar uma guerra civil, ou antes, mais do que uma guerra civil, que eles chamavam de Caterva; realmente, não eram apenas os cidadãos, mas também os próximos, os irmãos e, por fim, os pais e os filhos que, divididos entre si em duas partes, lutavam ferozmente com pedras, por alguns dias seguidos durante certo tempo do ano e quem podia também matava; naturalmente, recorri ao estilo solene, quanto consegui, para erradicar de seus corações e costumes um mal tão cruel e tão inveterado, esperando extingui-lo com minha palavra. Todavia, não julguei ter conseguido algo, quando ouvi que aclamavam, senão quando os vi a chorar. Com efeito, com as aclamações indicavam que foram instruídos e, com as lágrimas, alegravam-se que se haviam convencido. Quando os vi chorar, considerei vencido, antes mesmo que o mostrassem a mim com os fatos, aquele feroz costume que lhes foi transmitido pelos pais, pelos avós e pelos antepassados durante longos séculos, costume que assediava, ou melhor, possuía os seus corações como inimigo; assim que terminou o discurso, exortei-os a voltar o coração e a boca a Deus para agradecer-lhe; e eis que já são oito ou mais anos desde que, por benévolo favor de Cristo, nenhuma ação daquele tipo foi tentada naquela cidade. Existem muitos outros exemplos pelos quais aprendemos que os homens, não por gritos, mas por gemidos ou, por vezes, com lágrimas ou, finalmente, com o combate aos costumes, mostram aquilo que operou neles a sublimidade de um discurso sábio.

Pelo gênero simples de falar, algumas emoções mudam-se em bem

24.54. Com o uso do estilo simples de falar, muitas pessoas também mudaram, mas para saber o que não sabiam, ou para crer o que antes lhes parecia incrível, porém, não para praticar o que já sabiam que deviam praticar, mas não queriam. Pois, para dobrar tal dureza é preciso falar com estilo solene. Na realidade, tanto os louvores quanto as censuras, quando são ditas com eloquência, mesmo que sejam no estilo moderado, atingem alguns de tal modo que, nos louvores e nas censuras, não só se alegram com a eloquência, mas também desejam viver de maneira louvável e evitam viver de maneira censurável. Mas será que todos aqueles que se alegram, mudam, como todos aqueles que são convencidos em estilo solene, agem, e todos aqueles que são ensinados em estilo simples, sabem, ou creem que seja verdade o que não sabem?

O estilo moderado de falar que convém referir no fim

25.55. Daí, deduz-se que aqueles dois gêneros que se propunham praticar, são sobretudo necessários a quem quer falar com sabedoria e eloquência. Porém, aquilo que diz respeito ao gênero moderado, isto é, que a própria eloquência agrade, não deve ser usado como fim em si mesmo, mas deve ser usado para obter rápida e tenazmente o assenso dos ouvintes a coisas que se dizem útil e corretamente. Agindo assim, os ouvintes convencer-se-ão mais prontamente para o prazer que o discurso provoca neles, mas não têm necessidade de ensinamento, nem do estímulo da palavra, sendo já instruídos e favoravelmente inclinados [à ação]. Pois, já que, em qualquer um dos três gêneros, é tarefa universal da eloquência dizer as coisas de um modo capaz de obter a persuasão, seu fim com o discurso, porém, é persuadir aquilo que se pretende.

Ora, em qualquer um desses três gêneros que o orador se expressar, dirá coisas aptas a obter a persuasão, mas, se de fato não persuade, não chega à finalidade da eloquência. No gênero simples, persuade que são verdadeiras as coisas que diz; no gênero solene persuade para que sejam traduzidas à prática as coisas que já se conhecem como obrigação, mas não se praticam; no gênero moderado persuade a admirar aquilo que ele diz com belos ornamentos. Mas que necessidade temos nós de obter tal finalidade? Que a procurem aqueles que se gloriam da língua e se vangloriam nos panegíricos e em outros discursos semelhantes, onde ninguém deve ser instruído nem ser levado a fazer alguma coisa, mas o ouvinte deve apenas ser agradado. Nós, porém, refiramos esta finalidade a outra finalidade, isto é, também com este estilo queremos conseguir aquilo que nos propomos quando falamos em estilo solene, isto é, que o bem moral seja amado e o mal evitado, sempre que os homens não estejam tão alienados desse efeito para exigir, na nossa opinião, precisamente o estilo solene, ou se assim já agem, que façam isso com mais cuidado e firmemente perseverem nele. Isso faz que usemos o gênero moderado com sua elegância não por vanglória, mas por prudência; não nos contentamos em agradar o ouvinte, mas objetivamos que, também com o uso desse gênero, ele seja ajudado a alcançar o bem que lhe queremos incutir.

Em cada um dos gêneros de falar, o orador deve ter
a intenção de ser ouvido de maneira inteligente, com
prazer e obedientemente

26.56. Por isso, aquele que fala com sabedoria e se propõe também a falar com eloquência, deve recorrer a esses três gêneros de falar que expusemos acima, se quiser ser ouvido para ser compreendido, para ser agradável e para conseguir a adesão. Mas isso não se deve entender como se cada um dos efeitos correspondesse a um ou a outro dos três gêneros de falar, de modo que ao gênero simples corresponde ser ouvido para ser compreendido, ao moderado ser ouvido para agradar e ao solene ser ouvido com adesão. Mas o orador tenha sempre em mira estas três finalidades e, quanto puder, procure consegui-las todas também quando se limita a um só daqueles três gêneros. Afinal, não queremos aborrecer quando falamos em estilo simples e, por isso, queremos ser ouvidos não só de modo a sermos compreendidos, mas também ouvidos de boa vontade. E quando ensinamos, tomando o nosso falar dos testemunhos de Deus, o que nos propomos senão ser ouvidos com obediência, isto é, que se dê fé a eles com a ajuda daquele ao qual foi dito: *Os teus testemunhos, Senhor, são muito dignos de fé* (Sl 92,5)? E aquele que, embora com eloquência simples, narra algo a quem deve aprender, o que almeja senão que creia nele? E quem quererá ouvi-lo, se não prender o ouvinte também com uma certa elegância? Pois se não é compreendido, quem não se dá contas de que não poderá ser ouvido de boa vontade, nem de modo obediente? De fato, muitíssimas vezes acontece que com o próprio falar simples resolvem-se questões dificílimas, que são tornadas claras com uma descrição inesperada; com ele tiram-se sentenças dificílimas de não sei que cavernas, das quais nada se esperava tirar nem pôr à luz; convence-se de erro o adversário e se ensina ser falso aquilo que dele se dizia e que parecia irrefutável; sobretudo quando está presente um certo encanto não desejado, mas de algum modo natural, e um certo ritmo das cláusulas, criado não por vanglória, mas como necessário e, por assim dizer, tirado do íntimo das próprias coisas. Assim, o estilo simples é capaz de arrancar aclamações tais que dificilmente poderia ser tomado por estilo simples. Na realidade, não depende do fato de avançar sem ornamentos ou desarmado, mas luta a corpo nu se consegue abater o adversário com os nervos e com os músculos e, assim, com seus membros fortíssimos abate e destrói a falsidade que lhe opõe resistência. E por que, com tanta frequência e insistência, são aclamados aqueles que usam esse gênero de falar, senão porque a verdade assim demonstrada, defendida e tornada invencível, provoca também prazer? E por isso, o nosso doutor e orador, também quando usa este gênero simples, deve obter o resultado de falar não só de modo a ser compreendido, mas também ser ouvido de boa vontade e obedientemente.

O que o orador sacro deve evitar no uso do
gênero moderado

26.57. Também a eloquência de gênero moderado não é deixada sem ornatos nem indecentemente ornada pelo orador eclesiástico. E não só deseja isso para agradar, que é o que se encontra nos outros oradores, mas também nas coisas que elogia ou censura quer, sem dúvida, ser ouvido obedientemente, seja para desejar e conservar a estas ou para evitar e rejeitar as outras. Mas quando é ouvido e não é compreendido, também não pode ser ouvido de boa vontade. Por isso, as três finalidades, isto é, que os ouvintes compreendam, sintam prazer e obedeçam, devem estar presentes também nesse gênero, onde o prazer tem o primeiro lugar.

O que o orador sacro deve evitar no uso
do gênero solene

26.58. Na verdade, quando é necessário mover e convencer o ouvinte com o gênero solene – e este é necessário quando este reconhece que se diz a verdade e é dita de maneira atraente, mas depois se recusa a fazer o que foi dito –, então, sem dúvida, é preciso recorrer à eloquência solene. Mas quem é movido, se não sabe o que é dito? Ou quem ficará atento para ouvir, se não sente prazer algum? Por isso, também neste gênero, onde com o modo solene de falar alguém procura levar à obediência o coração endurecido, o orador não será ouvido de modo obediente, se não for ouvido com compreensão e prazer.

É ouvido com mais obediência aquele cuja vida corresponde ao que diz

27.59. Para ser obedientemente ouvido, mais do que a solenidade da dicção, tem peso a vida do orador. Pois, aquele que fala sábia e eloquentemente, mas vive mal, certamente instrui a muitos que desejam ardentemente aprender, mas, como está escrito, *é inútil à sua alma* (Eclo 37,22). Daí que o apóstolo diz: *Quer por pretexto, quer com sinceridade, contanto que Cristo seja anunciado* (Fl 1,18). Ora, Cristo é a verdade e, todavia, a verdade pode ser anunciada também com a não verdade, isto é, as coisas justas e verdadeiras podem ser pregadas com um coração perverso e mentiroso. Assim, na verdade, Jesus Cristo é anunciado por aqueles que buscam os próprios interesses, não aqueles de Jesus Cristo. Mas porque os bons fiéis não ouvem obedientemente a um homem qualquer, mas o próprio Senhor, que diz: *Fazei tudo o que eles vos disserem; mas não imiteis as suas ações, poque dizem e não fazem* (Mt 23,3), por isso, ouvem-se utilmente também aqueles que não agem utilmente. Pois, esforçam-se por buscar os próprios interesses, mas não ousam ensinar sua doutrina, isto é, de um lugar mais alto da sede eclesiástica e que constitui a sã doutrina. Por isso, o próprio Senhor, antes de falar-lhes aquilo que acima recordei, dizia: *Sentaram-se sobre a cadeira de Moisés* (Mt 23,2). Portanto, aquela cadeira, que não era deles, mas de Moisés, obrigava-os a falar o bem, mesmo comportando-se mal. Por isso, na sua vida agiam olhando para os próprios interesses; mas a cadeira, que não era deles, não lhes permitia ensinar, porque pertencia a outro.

São úteis a muitos os que fazem aquilo que dizem

27.60. Por isso, aqueles que dizem coisas que não fazem são úteis a muitos; mas, seriam úteis a muitos outros, fazendo aquilo que dizem. De fato, abundam aqueles que buscam a defesa de sua má vida apoiando-se nos próprios superiores ou mestres, mas com seu coração, ou se a coisa chega a fazê-los gritar, também com sua boca respondem dizendo: Por que não fazer aquilo que me ordenas? Assim acontece que não ouvem obedientemente aquele que pessoalmente não se ouve e desprezam a própria palavra de Deus que lhe é anunciada pelo pregador. Por fim, o apóstolo, escrevendo a Timóteo, quando diz: *Ninguém despreze a tua mocidade*, acrescenta também o motivo pelo qual não deve ser desprezado, e diz: *Porém, sê modelo dos fiéis na palavra, na convivência, na caridade, na fé, na castidade* (1Tm 4,12).

Deve-se buscar antes a verdade do que as palavras. O que é discutir com palavras

28.61. Para ser ouvido obedientemente, um mestre poderá falar, sem problemas, não só usando o estilo simples e o moderado, mas também aquele solene, porque não vive de maneira descuidada. Assim, então, escolheu uma boa vida, de modo a não negligenciar também a boa fama, mas tratou de enriquecê-las com os bens diante de Deus e dos homens (cf. 2Cor 8,21), temendo quanto pode a um e cuidando dos outros. Também, no seu discurso, prefere agradar mais com as coisas que diz, do que com as palavras, e só pensa falar melhor quando fala segundo a verdade, pois o mestre não serve às palavras, mas as palavras servem ao mestre. De fato, isso é o que diz o apóstolo: [Cristo enviou a pregar] *Não com a sabedoria das palavras, para que não se torne inútil a cruz de Cristo* (1Cor 1,17). A isso se refere também aquilo que diz a Timóteo: *Foge de contendas de palavras, porque isto nada aproveita, senão para perverter os que as ouvem* (2Tm 2,14). Não que isso seja dito para não respondermos nada em favor da verdade, quando os adversários a combatem. Porque, para onde iria aquilo que, entre outras coisas, diz para mostrar como deve ser o bispo: *Saiba ensinar a sã doutrina, como também refutar os que a contradizem* (Tt 1,9)? Afinal, discutir com palavras significa não cuidar de como o erro é vencido pela verdade, mas de como as tuas palavras sejam preferidas às do outro. Além disso, quem não discute com palavras, mesmo que seja em estilo simples, moderado ou solene, com as palavras quer que a verdade apareça, a verdade agrade, a verdade convença, porque também a caridade, que é o fim do preceito e plenitude da lei (cf. 1Tm 1,5; Rm 13,10), de modo algum pode ser boa quando as coisas amadas não são verdadeiras, mas falsas. Mas, assim como alguém que tem um corpo belo, mas um espírito disforme, deve ser mais compadecido do que se tivesse disforme também o corpo, da mesma forma, aqueles que dizem coisas falsas em estilo solene, devem ser mais compadecidos do que se falassem de maneira agradável. Em que consiste, pois, falar não só com eloquência, mas também com sabedoria, senão usar palavras apropriadas em estilo simples, palavras brilhantes em estilo moderado e palavras veementes em estilo solene para dizer as coisas verdadeiras que devam ser ditas ao auditório? Mas se alguém não consegue as duas coisas ao mesmo tempo, fale com sabedoria o que não diz com eloquência, antes de falar com eloquência coisas insensatas.

29.61. Mas se nem disso for capaz, comporte-se de modo a não só conseguir o prêmio para si, mas também a dar aos outros o exemplo e que sua maneira de viver seja como que uma cópia da maneira de falar.

Não deve ser censurado o eclesiástico que assumir um discurso feito por alguém mais perito, para proferi-lo ao povo

29.62. Na verdade, existem pessoas que podem pronunciar bem um discurso, mas não conseguem compor o que devem pronunciar. Em tal caso, tomem um escrito eloquente e sábio composto por outros, aprendam-no de cor e o pronunciem ao povo; se falarem como aquela pessoa, não fazem uma coisa reprovável. Dessa maneira, certamente muito útil, grande número de pessoas torna-se anunciador da verdade, embora não sejam mestres, contanto que estejam de acordo e narrem as palavras do único Mestre e não haja cismas entre eles (cf. 1Cor 1,10). Essas pessoas não devem se espantar com as palavras do Profeta Jeremias, pela boca do qual Deus reprovará aqueles *que roubam as minhas palavras cada um ao seu vizinho* (Jr 23,30). De fato, aqueles que roubam, tomam a coisa dos outros; mas a palavra de Deus não é coisa dos outros se quem a toma é submisso a ele; antes, seria coisa de outro, se alguém falando bem, vivesse mal. Pois, qualquer coisa boa que diga, parece ser pensado pelo seu talento; na realidade, porém, é contrário aos seus costumes. Por isso, Deus disse que roubam as suas palavras aqueles que querem parecer bons, dizendo as coisas de Deus, enquanto são maus por se regularem segundo seu talento. Na verdade, se olhares atentamente, não são eles que dizem o bem que dizem. Afinal, como dizem com palavras aquilo que negam com os fatos? Não em vão deles diz o apóstolo: *Confessam que conhecem a Deus, mas negam-no com as obras* (Tt 1,16). Portanto, por um lado, são eles que dizem, por outro lado, não são eles, pois são verdadeiras as duas coisas afirmadas pela Verdade. Realmente, falando de tais pessoas diz: *Fazei o que dizem; mas não façais o que fazem* (Mt 23,3). Isto é: Fazei aquilo que ouvistes de sua boca; não façais o que vedes nas suas obras; diz: *Pois dizem e não fazem* (*ibidem*). Portanto, embora não façam, todavia, dizem. Em outra passagem, porém, censurando diz: *Hipócritas, como podeis falar coisas boas se sois maus?* (Mt 12,34). E mais, também as coisas que dizem, quando falam de coisas boas, não são eles que as dizem, pois sua vontade e sua conduta negam aquilo que dizem. Assim, acontece que um homem falador e mau componha um discurso no qual se anuncia a verdade para que seja pronunciado por outro que não é elegante, mas bom. Desse modo, o primeiro de dentro de si mesmo extrai coisas não suas, e este último de uma fonte a ele estranha recebe coisas suas. Então, quando os bons fiéis prestam esse serviço a outros bons fiéis, tanto uns quanto outros dizem coisas próprias, pois deles é o Deus ao qual pertencem as coisas que eles dizem e eles apropriam-se delas e, mesmo que não tenham sido eles a compor o texto, vivem conforme aquelas composições.

Antes de falar, o orador faça uma oração a Deus

30.63. Quer seja no momento de pronunciar seu discurso diante do povo ou de um grupo qualquer, quer seja no momento de ditar aquilo que será referido ao povo ou lido por quem quiser e puder, o orador deve rezar a fim de que Deus ponha um bom discurso em sua boca (cf. Est 14,13). Com efeito, se antes de falar ao rei em favor da salvação temporal de seu povo, a rainha Ester rezou para que Deus pusesse em sua boca um discurso adequado, quanto mais deve rezar para receber tal dom aquele que trabalha para obter, com as palavras e com a doutrina a salvação eterna dos homens (cf. 1Tm 5,17)? Quanto aos que pronunciarão coisas que receberam de outros, antes de recebê-las, rezem por aqueles dos quais as receberão, a fim de que lhes seja dito aquilo que querem receber, e depois que o tiverem recebido, rezem a fim de que eles próprios possam pronunciá-lo bem e o recebam aqueles aos quais o pronuncia. E pelo feliz êxito da proclamação rendam graças àquele do qual não duvidam ter recebido esse dom, para que *quem se gloria, glorie-se* (1Cor 1,31) naquele em cujas mãos estamos nós e todos os nossos discursos (cf. Sb 7,16).

Agostinho reconhece a prolixidade do livro e dá graças a Deus

31.64. O livro ficou mais longo do que eu queria e pensava. Mas não será longo para quem o ler ou ouvir e se agradar dele. Porém, para quem é longo e assim mesmo quiser conhecê-lo, leia-o por partes. Mas a quem não interessa conhecê-lo, não se queixe de sua extensão. Eu, todavia, dou graças a nosso Deus por ter podido expor nestes quatro livros, da melhor maneira que pude, apesar dos modestos recursos que me foram dados, não quem ou como sou, afinal, faltam-me muitas coisas, mas quem e como deve ser aquele que busca trabalhar na sã doutrina, isto é, cristã, não só como contribuição para si mesmo, mas também para os outros.

Vozes de Bolso

- *Assim falava Zaratustra* – Friedrich Nietzsche
- *O Príncipe* – Nicolau Maquiavel
- *Confissões* – Santo Agostinho
- *Brasil: nunca mais* – Mitra Arquidiocesana de São Paulo
- *A arte da guerra* – Sun Tzu
- *O conceito de angústia* – Søren Aabye Kierkegaard
- *Manifesto do Partido Comunista* – Friedrich Engels e Karl Marx
- *Imitação de Cristo* – Tomás de Kempis
- *O homem à procura de si mesmo* – Rollo May
- *O existencialismo é um humanismo* – Jean-Paul Sartre
- *Além do bem e do mal* – Friedrich Nietzsche
- *O abolicionismo* – Joaquim Nabuco
- *Filoteia* – São Francisco de Sales
- *Jesus Cristo Libertador* – Leonardo Boff
- *A Cidade de Deus – Parte I* – Santo Agostinho
- *A Cidade de Deus – Parte II* – Santo Agostinho
- *O conceito de ironia constantemente referido a Sócrates* – Søren Aabye Kierkegaard
- *Tratado sobre a clemência* – Sêneca
- *O ente e a essência* – Santo Tomás de Aquino
- *Sobre a potencialidade da alma* – De quantitate animae – Santo Agostinho
- *Sobre a vida feliz* – Santo Agostinho
- *Contra os acadêmicos* – Santo Agostinho
- *A Cidade do Sol* – Tommaso Campanella
- *Crepúsculo dos ídolos ou Como se filosofa com o martelo* – Friedrich Nietzsche
- *A essência da filosofia* – Wilhelm Dilthey
- *Elogio da loucura* – Erasmo de Roterdã
- *Utopia* – Thomas Morus
- *Do contrato social* – Jean-Jacques Rousseau
- *Discurso sobre a economia política* – Jean-Jacques Rousseau
- *Vontade de potência* – Friedrich Nietzsche
- *A genealogia da moral* – Friedrich Nietzsche
- *O banquete* – Platão
- *Os pensadores originários* – Anaximandro, Parmênides, Heráclito
- *A arte de ter razão* – Arthur Schopenhauer
- *Discurso sobre o método* – René Descartes
- *Que é isto – A filosofia?* – Martin Heidegger
- *Identidade e diferença* – Martin Heidegger
- *Sobre a mentira* – Santo Agostinho
- *Da arte da guerra* – Nicolau Maquiavel
- *Os direitos do homem* – Thomas Paine
- *Sobre a liberdade* – John Stuart Mill
- *Defensor menor* – Marsílio de Pádua
- *Tratado sobre o regime e o governo da cidade de Florença* – J. Savonarola

- *Primeiros princípios metafísicos da Doutrina do Direito* – Immanuel Kant
- *Carta sobre a tolerância* – John Locke
- *A desobediência civil* – Henry David Thoureau
- *A ideologia alemã* – Karl Marx e Friedrich Engels
- *O conspirador* – Nicolau Maquiavel
- *Discurso de metafísica* – Gottfried Wilhelm Leibniz
- *Segundo tratado sobre o governo civil e outros escritos* – John Locke
- *Miséria da filosofia* – Karl Marx
- *Escritos seletos* – Martinho Lutero
- *Escritos seletos* – João Calvino
- *Que é a literatura?* – Jean-Paul Sartre
- *Dos delitos e das penas* – Cesare Beccaria
- *O anticristo* – Friedrich Nietzsche
- *À paz perpétua* – Immanuel Kant
- *A ética protestante e o espírito do capitalismo* – Max Weber
- *Apologia de Sócrates* – Platão
- *Da república* – Cícero
- *O socialismo humanista* – Che Guevara
- *Da alma* – Aristóteles
- *Heróis e maravilhas* – Jacques Le Goff
- *Breve tratado sobre Deus, o ser humano e sua felicidade* – Baruch de Espinosa
- *Sobre a brevidade da vida & Sobre o ócio* – Sêneca
- *A sujeição das mulheres* – John Stuart Mill
- *Viagem ao Brasil* – Hans Staden
- *Sobre a prudência* – Santo Tomás de Aquino
- *Discurso sobre a origem e os fundamentos da desigualdade entre os homens* – Jean-Jacques Rousseau
- *Cândido, ou o otimismo* – Voltaire
- *Fédon* – Platão
- *Sobre como lidar consigo mesmo* – Arthur Schopenhauer
- *O discurso da servidão ou O contra um* – Étienne de La Boétie
- *Retórica* – Aristóteles
- *Manuscritos econômico-filosóficos* – Karl Marx
- *Sobre a tranquilidade da alma* – Sêneca
- *Uma investigação sobre o entendimento humano* – David Hume
- *Meditações metafísicas* – René Descartes
- *Política* – Aristóteles
- *As paixões da alma* – René Descartes
- *Ecce homo* – Friedrich Nietzsche
- *A arte da prudência* – Baltasar Gracián
- *Como distinguir um bajulador de um amigo* – Plutarco
- *Como tirar proveito dos seus inimigos* – Plutarco
- *Solilóquios / Da imortalidade da alma* – Santo Agostinho
- *Meditações* – Marco Aurélio
- *A doutrina cristã* – Santo Agostinho

Conecte-se conosco:

- **f** facebook.com/editoravozes
- **◎** @editoravozes
- **🐦** @editora_vozes
- **▶** youtube.com/editoravozes
- **🟢** +55 24 2233-9033

www.vozes.com.br

Conheça nossas lojas:

www.livrariavozes.com.br

Belo Horizonte – Brasília – Campinas – Cuiabá – Curitiba
Fortaleza – Juiz de Fora – Petrópolis – Recife – São Paulo

EDITORA VOZES LTDA.
Rua Frei Luís, 100 – Centro – Cep 25689-900 – Petrópolis, RJ
Tel.: (24) 2233-9000 – E-mail: vendas@vozes.com.br